【巻頭言】

虚偽が真理に勝つのか？

井上達夫

　本誌創刊号に寄せた拙稿「法と哲学 ──『面白き学知』の発展のために」の冒頭に，ニーチェの次の言葉を題辞として掲げた。「あらゆる哲学的思索においてこれまで問題であったものは『真理』などではさらさらなくて，何か別個のものが，言うならば，健康・未来・成長・権力・生……が問題だったのだ」（ニーチェ『悦ばしき知識』信太正三訳，筑摩書房，1993年，12頁）。

　この題辞を掲げたのは，拙稿で述べたように，「人間の生と疎遠な学知（die lebensfremde Wissenschaft）」ではなく，生き生きとした人間社会の現実の問題と向き合う「悦ばしき学知（die fröhliche Wissenschaft）」，すなわち「面白き学知」を，法と哲学の接点をなす問題領域において発展させるという本誌の目的を表明するためであった。狙いは「生と無縁な真理（die lebensfremde Wahrheit）」を超えることであって，「真理と無縁な生（das wahrheitsfremde Leben）」を称揚することではなかった。

　しかし，昨今の世界と日本の状況を見ていると，ニーチェのこの言葉が，その誇張法的強調という修辞的ニュアンスをそぎ落として，乱暴な字義的意味で政治的・社会的言説空間を支配し始めているという危惧を抱かされる。

　いわゆるトランプ現象はその最たる例である。トランプ大統領と彼の取り巻きは，大統領に不利な事実を挙げるメディアの批判的報道を確たる反証なしにすべて「フェイク・ニュース」と一蹴し，自己の虚言の反証を突きつけられると，「オールタナティヴ・ファクト」（代替的事実）だと開き直る。事実に代替する事実とは，虚偽の別名にすぎない。しかしこの放埓な言動にかえって魅了される岩盤支持者たち（bedrock supporters）の層は厚い。この現象は，「真理などどうでもよい，嘘をつき続けて信者がついてくれば，こっちの勝ち」というゲームが政治の実践で跋扈していることを示している。

　米国メディアの報道によれば，トランプの岩盤支持者たちからは，「我々は彼に誠実性のような道徳的徳性を求めてなんかいない。我々が彼を支持するのは，既成の政治を変えるパワーが彼にはあるからだ」という発言がよく聞かれ

る。政治の礼節における「善悪の彼岸」に立ち，真理と虚偽の区別も傲然と無視して権力を志向する指導者と，その放埒な権力性にも拘わらず，否，それ故にこそ，この指導者に魅了される追従者たち。ニーチェは大衆社会を批判し，凡庸な大衆のルサンチマンを突き破る個人の創造的活力の解放をめざして「力への意志（der Wille zur Macht）」を説いた。しかし，皮肉にも，いまや「力への意志」は，ニーチェの意図と逆に，「型破りのパワフルな政治家」に吸引される大衆社会的同調願望の動力に転化している。

真理の扼殺への意志は，我が国においても跋扈している。「森友・加計」問題では，政府の統治の批判的検証に不可欠な公文書・行政文書の隠蔽と改竄が組織的に行われ，それが発覚しても，「改竄」の事実は「書き換え」という「代替的事実」に改鋳された。改竄という事実自体の改竄，いわば「二重の改竄」である。政府は野党が求める実態の徹底的な解明を回避して，佐川国税庁長官の辞任で幕引きを図った。虚偽公文書作成罪等の刑事責任追及で司直による真相糾明が期待されたが，検察は佐川元長官を不起訴にし，その理由の十分な説明もしなかった。

「一強多弱」で傲慢化した安倍政権の下で，統治の民主的統制に必要不可欠な「事実の検証（fact check）」の回避や歪曲は，「森友・加計」問題での文書の隠蔽・改竄だけでなく，共謀罪法制問題における立法事実検証作業のバイパス，働き方改革法案問題における労働実態データの歪曲など，様々な場面で顕在化している。

特に深刻なのは，海外派遣された自衛隊の活動実態の隠蔽・歪曲である。南スーダンでの自衛隊の活動を記録した日報に武力衝突の事実が記載されていたにも拘わらず，稲田防衛大臣（当時）は，「法的意味での戦闘ではない」と開き直った。後日，ドキュメンタリー番組「NHKスペシャル」で明らかにされたように，この武力衝突は，自衛隊キャンプを挟んでその両側から南スーダンの政府軍と反政府軍が銃撃戦を行ったもので，自衛隊員の中には，死を覚悟して，家族に遺書を書いた者もいたという。これを「法的意味における戦闘ではない」と言うのは明白な嘘である。この「代替的事実」が防衛大臣によって臆面なく主張されるという事態は，ことが自衛隊と戦闘状態との関係に関わるがゆえに，きわめて危険である。

防衛大臣がこのような嘘をついたのは，「自衛隊は多国籍軍の戦力とは一体化しておらず，戦闘地帯には駐留していない」というもう一つの政府の嘘と辻

〈巻頭言〉　虚偽が真理に勝つのか？〔井上達夫〕

棲を合わせるためである。国連の多国籍軍が交戦法規の適用対象たる交戦団体であることは，いまや国連自体によって承認されている。自衛隊が多国籍軍に属し，その指揮官の指揮下にある以上，その任務が輸送・兵站等の業務に限定されようと，国際法上は多国籍軍という戦力の一部とみなされ，それゆえ派遣先のどこにいようと常に攻撃対象になりうる。実際，南スーダンだけでなく，2003年のイラク戦争でイラクに派遣されたときも，自衛隊はサマーワで何度も攻撃された。「戦力と一体化していない」という日本政府の理屈は国際法上も軍事的現実においても通用しない（参照，伊勢崎賢治『新国防論』毎日新聞出版，2015年，瀧野隆浩『自衛隊のリアル』河出書房新社，2015年）。

　自衛隊イラク派遣に関し，「自衛隊は非戦闘地帯にしか行かない」という政府の主張に対して野党が「非戦闘地帯とはどこか」と詰問したところ，当時の小泉首相は「自衛隊がいるところが非戦闘地帯だ」というオトボケ答弁をしたが，これは冗談として笑えない大法螺である。国際法上，自衛隊は多国籍軍という戦力の一部とみなされる以上，「自衛隊がいるところはどこでも戦闘地帯になりうる」というのが真理である。しかし，安倍政権も「自衛隊は非戦闘地帯にはいない」という嘘をつき続けた。そのために，南スーダンの自衛隊キャンプを挟んで起こった武力衝突について，生命を危険にさらす任務につかされた自衛隊員を顕彰すべき防衛大臣が，「法的意味における戦闘ではない」などと，遺書を認めさえした自衛隊員を顕彰するどころか侮辱する詭弁を弄したのである。南スーダンから自衛隊を昨年撤収させたときも，任務完了のみを理由にし，戦闘状態には触れなかった。嘘で嘘を塗り固めるとは，このことである。

　イラク派遣の際の日報を自衛隊が隠蔽していた（存在しないと主張された日報が存在していた）ことが最近明らかになり，「自衛隊に対する文民統制の欠陥」が問題視されているが，これは真の問題点を見誤るものである。イラク派遣の日報には，サマーワで自衛隊が受けた武力攻撃が記載されている。自衛隊がこれを隠蔽したのは，文民政府の意志に反して，自衛隊の権益擁護や責任回避を図るためではない。自衛隊が武力攻撃を受けた事実が明るみに出ると困るのは，「自衛隊は戦闘地帯にはいない」という嘘をつき続けている政府である。自衛隊は，文民政府の意向を「忖度」して，日報を隠蔽したのである。

　政府が嘘をついていると批判されないよう日報を隠蔽して政府を守ろうとした自衛隊に責任を転嫁し，政府が涼しい顔をしているという構図は，「森友・加計」問題で，官邸の意向を「忖度」して，刑事訴追のリスクを冒してまで公

iii

文書の隠蔽・改竄を行った官僚に政府が責任転嫁して済ませようとしている状況と重なっている。佐川元国税庁長官などの高級官僚は出世という自己利益も絡んでいて同情には値しないが，改竄作業を実行させられて苦悩から自殺した近畿財務局のノンキャリア官僚は痛ましいというほかはない。自衛隊員はサマーワで，「自衛隊は戦闘地帯にいない」という政府の嘘のゆえに反撃能力を制約されながら，現実の武力攻撃やその危険にさらされ続け，そのトラウマから何人もの自衛隊員が帰国後自殺したが，彼らの死と近畿財務局官僚の死は，政府の欺瞞の痛ましい犠牲という点で重なっている。

「自衛隊は戦力と一体化せず，戦闘地帯にはいない」という嘘を生み出す原因となっているさらに大きな嘘がある。「自衛隊は戦力ではない」という嘘である。自衛隊は戦力ではない以上，国連多国籍軍の活動に参加するため海外派遣された自衛隊は，多国籍軍と一体化せず戦闘地帯にもいないと主張せざるをえない。自衛隊は戦力でないという嘘をつかざるをえないのは，憲法9条2項で，「陸海空軍その他の戦力は，これを保持しない。国の交戦権はこれを認めない」と明定しているからである。歴代政権は日米安全保障条約の下で日本に駐留する米軍は「日本の戦力」ではなく，自衛隊はそもそも「戦力」ではないから，自衛隊と安保は9条2項に反せず，合憲であるとしてきた。

これは最近顕在化してきた諸々の政治の嘘の一つではなく，戦後日本の政治史を貫通する基底的な嘘である。この嘘に照明を当てるためには9条問題をめぐる憲法論議の検討が必要である。これに関して，私はこれまで種々の著作で論じてきた（最近のものでは，例えば，『憲法の涙』毎日新聞出版，2016年，『ザ・議論──「リベラル vs 保守」究極対決』（小林よしのりとの共著）毎日新聞出版，2016年，『憲法の裏側──明日の日本は…』（香山リカとの共著）ぷねうま舎，2017年，『戦争，軍隊，この国の行方──9条問題の本質を論じる』（伊勢崎賢治・伊藤真・今井一・堀茂樹・楊井人文・吉田栄司との共著）[国民投票／住民投票]情報室，2018年など）。ここでは詳細には立ち入れないが，最近の政局で浮上した政治の嘘にだけ触れて，その淵源をなし日本の立憲民主主義を根底から歪めてきた9条をめぐる巨大な嘘の実態に触れないわけにはいかないので，以下で最小限必要な説明だけしておきたい。

まず，いまだに誤解している者がいるようなので注記しておくが，歴代政権の自衛隊合憲論の根拠は，いわゆる「芦田修正」論ではない。芦田修正論と

〈巻頭言〉　虚偽が真理に勝つのか？〔井上達夫〕

は、憲法改正作業部会である芦田小委員会で芦田均委員長が9条2項冒頭に「前項の目的を達するため」という句を挿入したのが、1項で排除されていないと解された自衛のための戦力の保有・行使を2項でも承認していると解釈できる余地を残すためだったとして、これを制憲者意志とみなす主張である。後に公開されたこの小委員会の議事録によると、芦田がそのような意図を表明した事実はなく、逆に、新憲法が公布された1946年11月3日に出版した芦田自身の著書『新憲法解釈』で、「前項の目的を達するため」という句を2項冒頭に挿入したのは、それによって「軍備撤退を決意するに至った動機が専ら人類の和協並びに世界平和の念願に出発する趣旨を明らかにせんとした」からだと説明している。「芦田修正」論は芦田自身が後年変更した自分の立場を合理化するために事後的に捏造した作り話である（参照、上丸洋一『新聞と憲法9条──「自衛」という難題』朝日新聞出版、2016年、79-100頁）。

　しかし、より根本的な問題は次の点にある。仮に、芦田が主張する事実があったとしても、公開の制憲会議たる衆院本会議で吉田茂首相（当時）が共産党の野坂参三の質問に対して「自衛のための戦力も放棄する趣旨だ」と明確に答えている以上、非公開の作業部会にすぎない小委員会で委員長が示したとする個人的意図を制憲者意志とみなすことはできない。そもそも、この論法は「秘密法の禁止」という法の支配の大原則に反している。芦田修正論は事実問題以前に法律論として筋悪で、歴代保守政権ですら、これを取るわけにはいかなかった。朝鮮戦争勃発を機に、警察予備隊から保安隊を経て自衛隊が設置されたとき、その合憲性を主張する政府の根拠は、「自衛隊は軍隊ではない」と吉田茂も主張したように、「自衛隊は戦力でない」という強弁・詭弁である。

　自衛隊を「戦力未満」と言い張るための基準に関して、かつての保守政権とその意向を受けた内閣法制局は、専守防衛・個別的自衛権の枠内という限度を掲げていた。この枠内で必要最小限の防衛行動をする自衛隊は「戦力」ではない「実力組織」だという。しかし、自衛隊は日本が「経済大国」の栄光を保持していたころに、予算規模で世界2位になったこともあり、バブル崩壊後日本経済の実力が相対的に低下した今も世界4位ないし5位で、年間予算は5兆円を超える。最先端軍事技術であるイージス艦やファントム・ジェット機をもち、実質的な軍事能力ランキングでは、米・露・中・英・仏（国連安保理常任理事国、いわゆる5大国）とインドという6つの核保有国に次いで世界7位と評価されている。つまり、少なくとも、核を保有しない国々の中では世界最強

v

の軍事組織である。専守防衛・個別的自衛権の枠内にあったとしても，これだけの武装組織を「戦力」でないというのは詭弁以外の何物でもない。

序に言えば，日米安保の下で，世界最強の戦力であることを誰も否定できない米軍と合同で行う防衛行動が，9条が禁止する交戦権の行使ではないとするのは一層ひどい詭弁である。念のためにさらに付言すると，交戦権なるものは現在の国際法上存在しないから，9条2項で否定する意味がないと主張する者もいるが，これは無用な混乱を生む議論である。国際法で既に否認されている交戦権は，無差別戦争観に基づく交戦権，すなわち，戦争開始原因の正・不正を問わず国策のため戦争を遂行する権利である。9条2項は既に存在しない無差別交戦権を否認するという無意味な規定だと主張されるのは，主張者がこの規定を無意味化するように狭く交戦権概念を限定しているからにすぎない。交戦権とは読んで字のごとく，他国と交戦する権利であり，侵略されたときに戦時国際法の交戦法規に従って自衛のための戦争を遂行する権利という国際法上承認された権利も含んでおり，「交戦権はこれを認めない」という9条2項の規定は，無差別交戦権だけでなく自衛のための交戦権を行使することも否認したと解してはじめて意味をなす。このまっとうな意味で理解するなら，民衆が蜂起して竹やりで侵略軍と戦う場合ですら，9条の言う交戦権の行使になる。況や世界最強の戦力たる米軍との共同防衛行動においてをや，である。

要するに，専守防衛・個別的自衛権の枠内なら自衛隊・安保は合憲だとするかつての保守政権と内閣法制局の立場自体が，既にあからさまな「解釈改憲」である。解釈改憲とは，正規の憲法改正手続によらずに憲法規範を「解釈」の名目で実質的に変更する憲法破壊行為である。安倍政権（第2次以降）は，この解釈改憲をさらに推し進め，かつての保守の「歯止め」も越えて，集団的自衛権行使も合憲だとして解禁し，安保法制を通した。

昨年来，安倍政権下では，上記のような解釈改憲を越えて，自衛隊を憲法的に認知する正規の憲法改正を行う新たな動きが出てきた。2012年の自民党憲法改正草案とは異なり，連立パートナーである公明党を配慮して，9条2項を残したまま，3項（あるいは9条の2のごとき枝番条文）で自衛隊を認知するという，いわゆる「安倍改憲案」が検討されている。しかし，戦力の保有・行使を禁じた9条2項がそのまま残る限り，自衛隊を憲法上認知したとしても，認知された自衛隊は2項が禁じる「戦力」にはあたらないとせざるをえず，「自衛隊は戦力ではない」という従来の嘘が憲法で明定されるだけである。それだけ

ではない。解釈改憲による嘘は，まだ憲法に依拠して不当な解釈と批判できるが，憲法自体がこの嘘を明言してしまったら，憲法の規範的統制力が憲法自体によって否定されることになる。安倍改憲案は，解釈改憲の欺瞞を正すどころか，この欺瞞の毒を憲法自体に注入して立憲主義を自壊させる最悪の改憲案である。

　自衛隊・安保の合憲性をめぐるこのあからさまな嘘は，かつての保守政権や今の安倍政権だけの罪ではない。保守勢力と対抗して，憲法９条を守ると主張している「護憲派」も犯している罪である。「護憲派」のいまなお多数派をなすのは，私が「原理主義的護憲派」と呼ぶ立場で，９条２項は専守防衛・個別的自衛権の枠内であれ戦力の保有・行使を禁じており，自衛隊と安保は存在そのものが違憲であるとする。しかし，この立場は憲法解釈論としては「原理主義的」だが，政治的には御都合主義的で，専守防衛・個別的自衛権の枠内なら，自衛隊・安保を政治的に受容している。そればかりか，集団的自衛権解禁に反対するだけでなく，専守防衛・個別的自衛権の枠内に限定して戦力の保有・行使を認めるという彼ら自身の政治的意図に合致した９条改正，いわゆる「護憲的改憲」ないし「立憲的改憲」にも反対し，自衛隊・安保に違憲の烙印を押し続けながらこの枠内で現状を凍結せよという。「自衛隊は戦力でない」という嘘は嘘でも分かりやすい嘘，素直な嘘である。しかし，「自衛隊は戦力であり，違憲だが，専守防衛なら違憲のままで存続させることが憲法を守ることだ」という主張，違憲状態の凍結が護憲だという主張は，倒錯した嘘，カフカ的不条理世界の嘘である。

　この不条理な嘘を「合理化」するために，「原理主義的護憲派」が持ち出すさらなる嘘がある。非武装中立という９条の理想を建前に掲げながら，それと矛盾する自衛隊・安保の存在を受容することに何ら問題はない，なぜなら，理想は現実に反しているからこそ，理想としての意味をもつからだ，という主張である。しかし，原理主義的護憲派は60年安保闘争の敗北の後は，自衛隊・安保の限定承認に政治的態度を転換し，いまや集団的自衛権解禁には反対しても，自衛隊の廃止ないし武装解除と安保の破棄を要求する運動はしない。安倍政権による安保法制制定に反対して国会議事堂を囲んだデモ隊も，「戦争法案（安保法制）反対」は叫んでも，「安保反対」，「自衛隊解体」は叫ばなかった。自衛隊・安保廃止運動をしないどころか，専守防衛・個別的自衛権の枠内で自衛隊・安保の存続をはっきりと是認する者も多い。現実と異なる理想を誠実に

追求しているとみなされうるためには，現実を理想に近づける努力を日夜続けている必要がある。その努力を放棄しながら，理想は捨てていませんと主張するのは，よく言って自己欺瞞，はっきり言って偽善である。自衛隊・安保の法的道徳的承認は拒否しながら，その防衛利益はちゃっかり享受し，放棄しようとしないのは，小作人・家僕の労働と世襲財産に寄生しながら共産主義の理想を語る「赤い貴族」の偽善と本質的に異ならない。

　「原理主義的護憲派」のこのような欺瞞・偽善の典型的な例証を，この立場に立つ共産党の志位和夫委員長が与えている。昨年の衆議院選挙の際の党首討論や選挙演説で，彼は，自衛隊は違憲だが専守防衛の枠内でその存在は是認するという従来の共産党の立場を示した上で，いつまで自衛隊を是認するのかという問いに対して，「日本人の圧倒的多数が，自衛隊がなくても大丈夫だと思う日がくるまで」と答えた。安全保障に関する現実主義的感覚が日本人に多少ともあるなら，一握りの者が自衛隊廃止を唱えたとしても，圧倒的多数の日本人が自衛隊はいらないと思う日は，予想しうる将来において来ないだろう。そもそも来るかどうか分からないし，来るとしてもいつ来るか分からない日が来るまで，自衛隊を認めるということは，いつまでも期限の定めなく認めるということである。戦力という国家の最も危険な暴力装置を違憲だとしながら，違憲のままに無期限に存続させることを是認するのは，憲法の規範性に対する最大の侮辱であり，国家暴力の憲法的統制を求める立憲主義に対する最大の裏切りである。憲法を侮辱し立憲主義を裏切る自らの立場を「護憲」と標榜するのは，「護憲派」が批判する戦前の軍国主義体制の嘘，軍事的敗北を勝利と言い換え続けた「大本営発表」の嘘も顔負けの大嘘である。

　近年「護憲派」の間から，私が「修正主義的護憲派」と呼ぶ立場，すなわち，これまでの「原理主義的護憲派」と一線を画して，専守防衛・個別的自衛権の枠内でなら自衛隊・安保を単に政治的に是認するだけでなく合憲とみなす立場も台頭している。長谷部恭男らに代表されるこの立場は，安保法制を通した安倍政権より前に歴代保守政権と内閣法制局がとってきた立場と内容的に同じであるだけでなく，この従来の「政府の有権解釈」に従うことが立憲主義の要請だとして，過去の政府解釈慣行の事実を自己の立場の一根拠にしており，この過去の政府解釈を変更して集団的自衛権を解禁した安倍政権の９条解釈を解釈改憲と批判し，安保法制を違憲とみなしている。

　「修正主義的護憲派」は「自衛隊は戦力でない」という嘘に基づく過去の政

〈巻頭言〉　虚偽が真理に勝つのか？〔井上達夫〕

府解釈のあからさまな解釈改憲を容認しながら、自分たちの政治的選好に反する安倍政権の解釈改憲を批判するという、さらにあからさまな二重基準、いささか下品な比喩で言えば「目糞、鼻糞を笑う」式の欺瞞を臆面もなく振りかざしている。この欺瞞を糊塗するために持ち出した、「確立した政府の有権解釈に従うことが立憲主義の要請だ」という主張も呆れさせる。憲法の「有権解釈」なるものがあるとすれば、最高裁の判決で、それすら変更可能であるのに、歴代政権や内閣法制局の憲法解釈を「有権解釈」とみなすのは司法に対する侮辱である。それどころか、政府権力を憲法によって統制するのが立憲主義の要請であるのに、その憲法の意味を「政府の有権解釈」に委ねるのは立憲主義の自殺以外の何物でもない。さらに過去の政府の有権解釈に従えという主張自体が自壊的である。安保法制支持者たちは、「過去の政府解釈も、当初は、自衛のための戦力も禁止するのが９条の趣旨だという吉田茂の答弁に見られる政府解釈を変更する新解釈だったのが一定期間継承されただけであり、我々の新解釈も今後継承されれば確立した政府解釈となる。過去の政府解釈を支持する者たちがしたことと同じことを我々がしてどこが悪い」と反論できるだろう。

　最近、「修正主義的護憲派」の中には、さらに放縦に立憲主義を掘り崩す議論をする者が現れている。13条代用論と私が呼ぶ立場で、木村草太などが唱えており、憲法９条２項が自衛のための戦力の保有・行使も禁じていることを承認しながら、「すべて国民は、個人として尊重される。生命、自由及び幸福追求に対する国民の権利については、公共の福祉に反しない限り、立法その他の国政の上で、最大の尊重を必要とする」という憲法13条の規定が、戦力の保有・行使に対する９条２項の禁止を、専守防衛・個別的自衛権の枠内で例外的に解除していると主張する。

　戦力という最も危険な国家暴力に対する９条２項の明示的禁止の解除を、戦力について一切言及していない13条に勝手に読み込むのは、驚くべき放埒な主張であり、憲法学者が憲法を蹂躙する軍事力を擁護する一種のクー・デタの試みといってよい。これはおよそ法解釈の名に値しない暴論である。「法令または正当な業務による行為は罰しない」と定めた刑法35条が刑罰規定の適用を例外的に除外していることとの類比を援用しているが、この類比は全く成り立たず、逆に刑法35条は13条代用論の法律論としての放埒さを証示している。刑法35条は、一定要件の下で国家に刑罰権行使を授権する他の刑法規定の適用を明示的に限定している。それは刑罰権という国家暴力の行使を明示的な法規に

よって制限する罪刑法定主義の貫徹である。しかし，13条代用論は，戦力という刑罰権以上に危険な国家暴力の保有・行使に対する9条2項の明示的な禁止を，戦力に何ら触れていない13条の勝手な読み込みによって，すなわち戦力に対する明示的な憲法の授権規定によらずに，解除している。刑法35条が刑罰という国家暴力に対する明示的な法的統制を強化しているのとは反対に，13条代用論は戦力というさらに恐るべき国家暴力に対する明示的な法的禁止を解釈操作で外しているのである。刑法35条が罪刑法定主義という法の支配の要請の貫徹であるのに対し，13条代用論は戦力に対する立憲主義的統制という法の支配の要請を傲然と掘り崩す試みである。罪刑法定主義を真面目に考える刑法学者なら，13条代用論が刑法35条を類比として利用していることに驚きと怒りを覚えるだろう。

　さらに言えば，13条代用論は「護憲派」にとって自壊的である。13条代用論は集団的自衛権解禁論者によっても利用可能であるという問題がまずあるが，「護憲派」にとってより致命的な問題は，それが従来の「護憲派」が欺瞞的にせよ維持してきた戦力に対する「封印」を切ってしまっていることである。戦力の保有・行使に対する9条2項の禁止を専守防衛・個別的自衛権の枠内で解除するということは，この枠内でなら戦力としての自衛隊も自衛のための交戦権行使も合憲だということであり，自衛隊に違憲の烙印を押し続けるという「原理主義的護憲派」の封印も，「自衛隊は戦力ではない，フルスペックの軍隊としての自衛隊は認めない」という「修正主義的護憲派」の封印もあっさり切られているのである。本来なら，13条代用論に対しては「護憲派」から厳しい批判が向けられてしかるべきだが，13条代用論がいまやまるで「護憲派」の通説であるかのように流布されている現状に対し，従来の「護憲派」論客からの異論の声は皆無ではないが，乏しく弱い。9条を変えないという政治的結論さえ維持されれば，その結論を擁護する議論が9条の死文化と立憲主義の崩壊をさらに進めるものであっても頓着しないという「護憲派」の政治的御都合主義と，憲法破壊勢力としての彼らの実相が透けて見える。

　「護憲派」の種々の嘘を明らかにしてきたが，最後に彼らがなぜこれほど嘘をついてまで9条を固持したいのか，彼らの嘘の淵源をなす信念に触れておこう。それは「9条が戦力を縛っている」という信念である。この信念は根強いが，実は幻想である。幻想を抱かず現実を直視する者から見れば，この信念が最大の嘘である。まず，ベトナム戦争やイラク戦争など米軍の侵略や武力干渉

に対して日米安保に基づき米軍基地提供や兵站支援により日本がしてきた加担，既に触れた世界有数の武装組織としての自衛隊の実態，海外戦闘地帯への自衛隊派遣の累積や，民主党政権下でおこなわれたジブチにおける自衛隊常駐基地の設置など，自衛隊・安保という軍事的現実の肥大化が，この幻想からの覚醒を迫っている。さらに，立憲主義の観点から，最大の問題は次の点である。9条によって憲法上は戦力が存在しない建前になっているがゆえに，日本国憲法は，戦力統制規範 ── 戦力が濫用されないよう，その組織編成・行使手続を統制する規範で，文民統制・国会事前承認・軍事司法制度などはその最小限の例 ── を含んでいないし，含みえない。憲法が存在を否定しているものを統制する規範を設定するのは論理矛盾である。その結果，上述のような軍事的現実の拡大が憲法の外で既成事実として累積されている。9条が戦力を縛っているどころか，9条のために戦力の憲法的統制ができないのである。

　以上見てきたように，政治における虚偽の跋扈は安倍政権下で生じた問題というより，戦後日本の立憲民主政治を根底から歪めている根の深い問題で，保守勢力の側だけでなく，それを批判する「自称リベラル」の「護憲派」勢力にもはびこっている。「護憲」を掲げながら立憲主義を蹂躙しているという点で「護憲派」の問題の方がもっと深刻であろう。この嘘を克服し，日本でまともな立憲民主主義を確立発展させるにはどうすればよいか。

　私は既に挙げた近著を含む様々な著作で，9条削除論を提唱してきた。これは，しばしば誤解されるように戦力を憲法の統制外に置くものではなく，むしろ逆に，9条を削除して，戦力統制規範として①文民統制・国会事前承認・軍事司法制度のような最小限のものだけでなく，②外国基地設置認可住民投票や，③徴兵制と良心的拒否権まで含む最大限の戦力統制規範を憲法に盛り込むという立場である。もちろん，私の「ラディカル」な9条削除論に多数の国民がいますぐ同意するとは思っていない。ただ，専守防衛・個別的自衛権の枠内で戦力の保有・行使を明示的に承認するよう9条2項を改正して，少なくとも①，さらに②までの戦力統制規範を憲法に導入する立場が，言論界では「護憲的改憲」や「新9条論」の名で唱導されてきており，最近は政界においても立憲民主党を中心に「立憲的改憲」の名で検討され始めている。この立場は私にとっては「次善の策」であるが，従来の護憲派や安倍改憲案の立憲主義を掘り崩す欺瞞を正して，自衛隊と安保という日本の戦力の現実を明示的な憲法的統

制の下に置く現実的で筋の通った立場として，いま真剣に検討されるに値する。

　「護憲派」の知識人たちは，立憲主義を自壊させる安倍改憲案に反対するだけでなく，立憲主義の筋を通す仕方でこれに対抗する立憲的改憲論に対しても，それが専守防衛・個別的自衛権の枠内に戦力の保有・行使を限定するという自分たちの政治的意図に合致しているにも拘らず反対し，安倍改憲案に対するのと同等ないしそれ以上の敵意をもって攻撃している。なぜか。安全保障に関する自分たちの政治的立場と9条の矛盾を糊塗するために，違憲状態凍結論や解釈改憲という嘘を積み重ねて9条を死文化させ，自衛隊・安保を容認しながら戦力統制規範を憲法が含みえない危険な状態を固持してきた彼ら「護憲派」は，自分たちの立憲主義への裏切りを立憲的改憲論が暴露しているため，自分たちと同様な欺瞞に耽る安倍改憲案より，立憲的改憲論の方が怖いのである。己の欺瞞を隠蔽するために，それを正す声を封殺しようとする点でも，「護憲派」は彼らが批判する安倍政権と同罪である。

　「虚偽が真理を駆逐する」という病理は，いまや政治家や官僚や経営者やSNS依存者等だけでなく，学界・言論界でレスペクタブルな地位を占めている学者・知識人も含めて広く浸潤している。立場を異にする者たちが自由闊達に相互批判的な論争を行うことは民主社会において必要不可欠だが，自己矛盾やダブルスタンダードに開き直らず，事実の隠蔽歪曲はしないという最低限の知的誠実性（intellectual integrity）の作法は共有されなければならない。しかし，学問の世界でも，自己が属する党派的集団のイデオロギーへの奉仕を優先し，外部からの批判を「専門知」の権威をふりかざして排除しようとする「学者」たちによって，この知的誠実性の要請が踏みにじられている。9条をめぐる「護憲派」憲法学者たちの欺瞞が示すように，憲法学において特にこの傾向が著しい。これは日本の立憲民主主義を危うくするだけでなく，憲法学という学問の信憑性自体を危うくしている。

　学問とは真理の探究である。この命題は言い古された。退屈にさえ響く。しかし，その真義を理解し実践するのはたやすいことではない。たやすいことではないからこそ，学問する人々，すなわち「学者」だけではなく，すべての「学び問い続ける人々」にとって，この命題はその重要性を失わない。「学び問い続ける人々」にこそ，この命題に立脚して，「学者」を標榜する者たちの言説を批判的に吟味することを切に求める。

『法と哲学』第 4 号

〈目　次〉

【巻頭言】　虚偽が真理に勝つのか？……………………………井上達夫…i

――――　論　　説　――――

1　政治神学としての宣長国学………………………………長尾龍一…1
　　Ⅰ　神学について（2）
　　Ⅱ　「政治神学」について（3）
　　Ⅲ　極東の中の日本（6）
　　Ⅳ　宣長の啓示神学（9）
　　Ⅴ　宣長の自然神学（14）
　　Ⅵ　宣長の歴史神学（17）

2　法は幸福を部分的にしか現実化しない，そしてそれには理由がある
　　……………………………………………………………森村　進…21
　　Ⅰ　序（22）
　　Ⅱ　法は個々人の幸福を保護・尊重しているか，またすべきか
　　　　――いずれについてもある程度までは然り（24）
　　Ⅲ　法は個々人の幸福を増進・実現しているか，またすべきか
　　　　――いずれについても多くの場合は否（29）
　　Ⅳ　法は社会全体の幸福を増進・実現しているか，またすべきか？（31）
　　Ⅴ　個々人の幸福は社会にとってどれほど重要なのかか（40）

3　人権の哲学の対立において自然本性的構想を擁護する：
　　チャールズ・ベイツによる批判への応答………木山幸輔…43
　　Ⅰ　序論――人権の哲学における対立，ベイツの政治的（実践的）
　　　　構想，本稿の射程（44）
　　Ⅱ　自然本性的構想：ベイツによる定式化と拒絶（50）
　　Ⅲ　実践独立性へのベイツの批判と応答：実践の地位，人権宣言の
　　　　地位，そして尊厳（52）

Ⅳ 前制度性へのベイツの批判と応答：実践における権利との乖離，抽象的権利と具体的権利 (59)
Ⅴ 全時空性へのベイツの批判と応答：人権の制度・脅威との関係 (63)
Ⅵ 人間性依拠性へのベイツの批判と応答：受益者利益性，貢献の自然的理由性 (68)
Ⅶ 結　論 (85)

─── 書　評 ───

1 **小林公『ウィリアム・オッカム研究』**(勁草書房，2015年)…山内志朗…95
　　1 第一部　法・政治思想 (97)
　　2 第二部　哲学・神学思想 (102)

2 **政治的責務論から国家を論じる壮大な試み**………宇野重規…111
　　［瀧川裕英『国家の哲学』（東京大学出版会，2017年）］
　　Ⅰ はじめに ── 現代的な問題設定 (112)
　　Ⅱ 関係的責務論 ── 検討の対象外？ (113)
　　Ⅲ 同意論 ── 維持可能か？ (115)
　　Ⅳ 利益論 ── 合理性と道徳性 (116)
　　Ⅴ 哲学的アナキズム ── 意外と説得的？ (118)
　　Ⅵ 正義の自然義務論 (119)
　　Ⅶ 終わりに ── 政治的責務は「派生」的なのか (120)

3 **生態的合理性の地平から**
　　橋本努氏への応答……………………………………若松良樹…123
　　［若松良樹『自由放任主義の乗り越え方』(勁草書房，2016年) への応答的書評］
　　はじめに (124)
　　1 タイトル，そして拙著の狙いについて (124)
　　2 一匹目のキマイラについて (125)
　　3 二匹目のキマイラについて (125)
　　4 生態的合理性の基準について (127)

『法と哲学』 第4号　　執筆者紹介（掲載順）

井上　達夫（いのうえ・たつお）
東京大学大学院法学政治学研究科教授（法哲学）
1954年7月大阪市に生まれる。1977年3月東京大学法学部卒業。
主要著作：『世界正義論』（筑摩書房，2012年），『哲学塾　自由論』（岩波書店，2008年），『法という企て』（東京大学出版会，2003年），『普遍の再生』（岩波書店，2003年，人文セレクション版2014年），『現代の貧困』（岩波書店，2001年，岩波現代文庫版2011年），『他者への自由』（創文社，1999年），『共生の作法』（創文社，1986年）。

長尾　龍一（ながお・りゅういち）
東京大学名誉教授（法思想史・政治思想史）
旧満州国斉斉哈爾市生まれる。1961年東京大学法学部卒業。
主要著作：『日本法思想史研究』（創文社，1981年），『日本国家思想史研究』（創文社，1982年），『ケルゼン研究Ⅰ・Ⅱ』（信山社，1999年，2005年），『ケルゼン研究Ⅲ』（慈学社，2013年），訳書『ハンス・ケルゼン著作集（6巻）』『カール・シュミット著作集（2巻）』。

森村　進（もりむら・すすむ）
一橋大学法学研究科教授（法哲学）・日本法哲学会理事長・法学博士
1955年東京都豊島区生まれ。1978年東京大学法学部卒業
主要著作：『権利と人格』（創文社，1989年），『財産権の理論』（弘文堂，1995年），『ロック所有論の再生』（有斐閣，1997年），『自由はどこまで可能か』（講談社現代新書，2001年），『リバタリアンはこう考える』（信山社，2013年），『法哲学講義』（筑摩選書，2015年）。

木山　幸輔（きやま・こうすけ）
日本学術振興会特別研究員PD・同志社大学研究開発推進機構研修員
1989年2月千葉県に生まれる。2017年3月東京大学総合文化研究科博士課程単位取得満期退学。
主要著作：「功利主義と支配：リバタリアン・パターナリズムに焦点を当てて」田上孝一編『支配の政治理論』社会評論社，2018年（近刊），「RCT至上主義とその問題：E・デュフロと開発経済学の潮流について」『同志社グローバル・スタディーズ（8）』（2018年），「血染めの石油の公共哲学：L・ウェナーと石油依存の道徳的意味」『相関社会科学（26）』（2018年）。

山内　志朗（やまうち・しろう）
慶應義塾大学文学部教授
1957年山形県に生まれる。東京大学大学院人文科学研究科博士課程退学。
中世近世の形而上学と倫理学を研究。
主要著作：『普遍論争』（平凡社）など。

宇野　重規（うの・しげき）
東京大学社会科学研究所教授（政治思想史・政治哲学）
1967年6月東京都に生まれる。1996年9月東京大学大学院法学政治学研究科博士課程修了。
主要著作：『民主主義のつくり方』（筑摩書房，2013年），『西洋政治思想史』（有斐閣，2013年），『〈私〉時代のデモクラシー』（岩波新書，2010年），『トクヴィル　平等と不平等の理論家』（岩波書店，2007年），『政治哲学へ──現代フランスとの対話』（東京大学出版会，

2004年),『デモクラシーを生きる ── トクヴィルにおける政治の再発見』(創文社, 1998年)。

若松　良樹（わかまつ・よしき）
　学習院大学法務研究科教授
　1958年宮城県石巻市生まれ。早稲田大学法学部, 京都大学大学院法学研究科博士後期課程単位取得退学。法学博士（京都大学）。
　主要著作：『自由放任主義の乗り越え方』(勁草書房, 2016年),『センの正義論』(勁草書房, 2003年)。

1
政治神学としての宣長国学

長 尾 龍 一

Ⅰ　神学について　　　　　Ⅳ　宣長の啓示神学
Ⅱ　「政治神学」について　　Ⅴ　宣長の自然神学
Ⅲ　極東の中の日本　　　　Ⅵ　宣長の歴史神学

〔要　旨〕
（1）　宣長国学は『古事記』を聖典とする啓示神学である。
（2）　それに産霊神の生命原理による自然神学が付加されている。
（3）　経験と理性の及ぶ限りの認識は，（西洋科学の成果を含めて）時代の制約の中では合理的で科学的である。
（4）　経験と理性の及ばない範囲については，敢て自覚的非合理主義に立つ。
（5）　超越者についての不可知論と価値判断の相対主義が，法実証主義へと導き，階層的幕藩体像を正当化した。
（6）　『古事記神話』の非合理主義的擁護は，日本帝国主義に連なる世界政治論の主張に連なった。

I　神学について

（a）「宗教というものが存在する以上は教義神学も必然的に存在する」とケルゼンは言っている（*Reine Rechtslehre*, 1934, p.37）。神の信仰が存在するならば、神の本質、神と世界の関係、神と人間の関係などの神学的諸主題が議論の対象となるであろう。ユダヤ教・キリスト教・イスラム教等の諸宗教・諸宗派は、おのおの神学の体系を成立させてきた。

（b）　多神教にも、神々の相互関係や神界と人間界の関係などを考察する神学が存在する。多神教的な古代ギリシャ神話に関しては、ホメロス、ヘシオドス等の詩人たちの言葉の中に、神学的思弁の萌芽と見られるものが存在する（「長（おさ）の多きは福（さいは）ひならず、長一人、君は一人なるぞよき。されば狡智なるクロノスの御子も、一君に王笏と法（のり）を授け賜へり」（*Iliad* II-204））とは君主制の政治神学である。「エチオピア人は、神は鼻ぺしゃで黒いと言い、トラキア人は碧眼紅毛だと言う」（Fr.16）と言ったクセノファネスなどの哲学者たちは「神学者」（theologoi）とも呼ばれていた。

（c）　多神教神学は神話と隣接する。多神教の神々は人間臭いから、その相互関係の叙述は legein (logos)、即ち「理路整然たる語り」より、mythein (mythos)、即ち「物語風の語り」の方がふさわしいであろう。「話者が非真実であることを知っていて、相手が知らない発言を lie といい、両者が非真実であることを知っている発言を fiction といい、両者が非真実であることを知らない発言を myth という」という定義がある。恐らくこの myth 定義の問題は、非真実（untruth）の定義が狭すぎるところにあるだろう。untruth に half-truth（部分的に虚偽ないし不確定事項を含む発言）を含めないならば。

（d）　修行等を通ずる神秘的体験が超越者との結合への道であるとする神秘主義的宗教にも、超越者の本質や、超越者と人間の関係などに関する独自の神学が存在し得る。

（e）　インド諸宗教には多神教、神秘主義、汎神論などの諸側面がある。Brahman を一神教的に、また汎神論的に理解する教派も存在する（「神と世界を同一視する」汎神論は、「神は世界である」と定式化すれば人格神信仰から遠ざかり、「世界は神である」と定式化すればそれに接近するかも知れない）。

（f）　仏教に「神学」があるか、「仏学」ではないか、という疑問は神仏を

対照させる日本的な疑問であろう。窮極的存在としての梵（Brahman）は一神教的にも汎神論的にも解釈される。インド宗教史における聖者たちは如来・菩薩として多神教的に崇拝された。修行によって解脱に到達する体験には神秘主義的要素もある。

（g）　儒学は倫理思想・政治思想であって、宗教性は稀薄だと言われているが、人間界の運命を支配するとされる「天」には西洋宗教の神に類比される面がある。孔子は怪力乱神を語らなかったと言われるが、大部分の中国思想は魂魄や鬼神に関する民間信仰と接している。『墨子』に「明鬼」篇があり、道家の「道」の思想には神学的宇宙論に類するものがある。道教の民間信仰は黄帝や老子を神的聖者とする。

（h）　神学には「自然神学」（theologia naturalis）と「啓示神学」（theologia revelata）がある。前者は理性によって到達しうる限りでの神学的真理を探究するものとされ、宗教哲学の一領域と考えることもできる。後者において啓示が文書で示される場合には聖典崇拝ということになる。

（i）　神の存在や属性、その世界や人間との関係を「論ずる」ものが神学であるならば、エピクーロスなどそれを否定的に論ずるものも広義の神学に属するであろう。「無神論の神学」も存在し得る。超越神の存在を否定する「理神論」（deism）は、その積極的主張においても、消極的主張においても、神学（theologein）している。

Ⅱ　「政治神学」について

（a）　倫理神学（theologia moralis）が古代から存在したように、政治神学（theologia politica）も古代から存在した。もっともこの形容詞 politica は西洋古代においては、「政治的」というより「polis の」という意味である。各 polis は各々の「守護霊」（genius loci）によってその政治秩序が正当化され、守護されていた。大帝国の秩序はしばしば一神教的に神格化された。

（b）　ヴァロ（Marcus Terentius Varro 116-27 B.C.E.）は神学を、劇場を場とする詩人たちの「神話神学」（theologia mythica）、世界を場とする哲学者の「自然神学」（theologia naturalis）、都市国家を場とする「国家神学」（theologia politica ないし theologia civilis）に分類したが、この theologia politica が「政治神学」の用語上の先行形態である。それは都市国家の伝統制度（nomos）の本質的要

素をなすもので，市民たちは「nomos に従って神を祀る」（deum colere kata ta nomina），即ち公的祭日に神祭祀・供犠・儀礼に参加することによって，市民の一員であることを確認した（Carl Schmitt, *Politische Theologie II*, 1969, p.50）。

（c）多神教の政治神学は「政治神話」に隣接する。反ユダヤ主義の旗を振ったナチ時代のシュミットは，ユダヤ教徒の「壮大極まる闘争神話（Kampfmythen größten Stils）」について語っている。Leviathan と Behemoth は（バビロニアとアッシリア，あるいは英国とドイツのような）闘う異教の大国であり，ユダヤ人はこの闘争を傍観し，勝負がついたところで敗者の肉をご馳走になるのだ，と（*Der Leviathan in der Staatslehre des Thomas Hobbes*, 1938, p.18）。Leviathan は獣であり悪魔でもあるが，Hobbes はこれを「可死の神」（Mortal God）と呼んだ。神や（神の対立者としての）悪魔ならば，神学的思弁の対象となるであろう。

（d）ネットを見ると，題名に「政治神学」という言葉を含む多くの書物がある。例えば――

> Tsoncho Tsonchev, "The Political Theology of Augustine, Thomas Aquinas, and Reinhold Niebuhr"
> Ibid., "Martin Luther's Political Theology"
> Joshua S. Wirtshafter, "Augustinian Political Theology: from *De Civitate Dei* to the 20th Century"
> Michele Nicoletti, "La teologia politica di Hobbes"
> Andy Alexis-Baker, "Spinoza's Political Theology"

（e）19世紀において，アナキストのバクーニン（Mikhail Bakunin, 1814-1876）は，小冊子（*La théologie politique de Mazzini et l'Internationale*, 1871）において，マッチーニ（Giuseppe Mazzini 1805-1872）を，国家には反抗するが神には反抗しない中途半端な権威反抗者として嘲笑し，彼の宗教論を「政治神学」として揶揄した。バクーニンなどアナキストたちは，あらゆる権威を否定し，神と国家を否定し，神の権威と国家の権威を結びつける「政治神学」にも敵対したのである（Bakunin, *Dieu et l'état*. 1882）。

（f）青年マルクスは「哲学の課題は，彼岸の真理に代えて此岸の真理を樹立し，天上批判を地上批判に，宗教批判を法批判に，神学批判を政治批判に転化させるところにある」と言った（"Zur Kritik der Hegelschen Rechtsphilosophie," *Marx-Engels Werke* I, p.379）。反宗教者からすれば，神学を脱神学化・政治化す

ることも政治神学の一任務であろう。

（ｇ）　もっとも社会主義者・マルクス主義者にはキリスト教・ユダヤ教の信仰者も少なくなく，諸々の改革運動に神学的基礎づけを与えようとする宗教者によって「革命の神学」も唱えられている。またキリストは虐げられた者の救済者であるとして貧困者等の救済に尽力する「解放神学」(liberation theology)は中南米カトリック教会を中心に活動を展開している。それらの活動は多く政治活動を伴うから，「黒人神学」「フェミニスト神学」などを含めて，諸々の「解放神学」を「政治神学」の一部と解する用語法がある。Erich Kofmel, "Comparative Political Theology" は terrorists を含む過激イスラム主義者の，部外者には接近し難い情報網における政治神学的議論をも研究しているという。

（ｈ）　カール・シュミットが『政治神学』(*Politische Theologie*, 1922) という書物を公刊したことで，政治神学概念への関心が興隆した。彼は後年同書について，「この本は神学上の教義には関わらず，ただ神学上の諸概念と法学上の諸概念の構造的共通性という学問的・概念史的主題を論じたものに過ぎない」と言っている (*Politische Theologie II*, 1969, p.22)。しかしその通りかどうかは問題で，同書は奇跡を否定する近代宗教思想と非常事態権限を消去しようとする近代国家学を類比的に批判し，独裁と非常大権が復権する第一次大戦後の動向に掉さしたものである。

（ｉ）　シュミットとの関連では，エリク・ペーターソン (Erik Peterson (1890-1960)［訳書シュミット『政治神学再論』においては「ペテルゾン」と表記したが，訂正する］は，1928年のアドルフ・ハルナック (Adolf Harnack, 1851-1930) との文通を1932年に公刊したが，その中の註で「ドイツにおける宗派対立がなお多少とも現実的性格をもつとすれば，それは政治神学の領域くらいのものであろう」と書いた (Schmitt, op.cit., p.20)。「本来の神学」の領域においては，もはや宗派対立などは意味を失っており，いかがわしい「政治神学」領域においてのみまだ存立しているという趣旨か。

（ｊ）　恐らくシュミットに刺激されて，「政治神学」という言葉はそれ以後諸々の著者たちに用いられるようになった。英語圏では，1974年の著書の中で，"the phrase `political theology` has only appeared in the last few years" と言われている（Alistaire Kee, "Preface", *A Reader in Political Theology*, 1974 p.ix）。しかしそれ以前の著名な例として，ドイツよりの亡命学者エルンスト・カントロヴィッツ (Ernst Kantorowicz, 1895-1963) の『王の二つの身体』(*The King's*

Two Bodies, 1957) の副題 (*A Study in Mediaeval Political Theology*) がある（同書は著者亡命後の作品で，英語が原著）。最近では Amine Benabdallah, "Une réception de Carl Schmitt dans l'extrême-gauche: La théologie politique de Giorgio Agamben" (2007), 卑近な例として，internet 論文には Susan M.Shaw, "The Political Theology of Trumpian Evangelicalism" (2017) などもある。

（k）　日本宗教に関しては，Ross Bender, "Political Theology in the Reign of the Last Empress of Nara Japan" というネット論文，同じ著者の "Changing the Calender: Royal Political Theology and the Suppression of the Tachibana Nakamaro Conspiracy of 757", *Japanese Journal of Religious Studies*, 2010という雑誌論文がある。これらは，孝謙天皇・道鏡事件を扱ったものらしい。また Akio Kimura, "Mishima's Negative Political Theology: Dying for the Absent Emperor" という本もあるらしい。Ci Nii の「論文」リストを見ると，「政治神学」の語を含む日本語の著書・論文もかなりの数存在する。

（l）　諸宗教・諸宗派間対話の雑誌として *Political Theology Today: A Forum for Interdisciplinary and Interreligious Dialogue* が公刊されている。

（m）　自然神学的政治神学という主題との関連で重要な一潮流は，ストア主義の系譜であろう。ストア学派は，人間精神は神的・自然的理性（logos, ratio）と情念（pathos, passio）から成り，前者が後者を抑制することにより正しき秩序が成立すると説いた。ところが近代哲学の一重要潮流においては，理性概念が形式化されて「足し算と引き算」「前提の変形」に過ぎないものとされるに至り，「理性は情念の奴隷」（ヒューム）となる。そうなると人間的秩序を成立させる場は情念に求められざるを得なくなる。ホッブズは「死の恐怖」という情念を平和的秩序の心理的基礎とした。アダム・スミスの sympathy（情念の一致）の議論は，それを倫理の心理的源泉とし，闘争を競争へと陶冶するという資本主義の人間論に発展する。これは本居宣長の「欲」の「情」への昇華という議論にも連なるであろう。

Ⅲ　極東の中の日本

（a）　homo sapiens はアフリカ大陸に生れ，アラビア半島を通じて「出アフリカ」し，その一部は東方に向った。最近サウディ・アラビアのネフド砂漠から90000年前の人骨が発見され（Reuters-Japan Times（4/11/2018）），これが

現在のところ homo sapiens の「出アフリカ」を示す最古の遺跡であると思われる。他方2009年に発見された出雲市の砂原遺跡出土の石器は12-11万年前，岩手県金取遺跡が9万年前のものとされるから，その製作者は homo sapiens 以外の人類である可能性がある。

（b）　崎谷満氏によれば，九州・四国・本州のヒト集団のY染色体はC・D・N・Oの4系統に分れ，C系統はC1とC3に分れるが，C3は「後期旧石器時代におけるシベリアの細石器文化と関連するヒト集団の遺伝子流入」と関わるようだ（p.7）という（『DNAで辿る日本人10万年の旅』p.82）。この集団は，13000年前北海道に置戸安住遺跡を残した集団など，日本の旧石器時代人の一部をなすものであろう。他方石垣島で2007年に発見された21000年前の旧石器時代の人骨の一部はM7aというDNAタイプで，骨格は南方系の特徴を示している。篠田謙一氏によると，このDNAはフィリピン沖で海底に沈んだスンダランドが起源らしい（https://first-genetic-testing.com/gene/haplo.html），と。

（c）　D系統はユーラシア大陸東部に分散して見られ，D1は日本の南方に，D3は北方に見られるが，他にD3はチベット人の33％，D1は16％を占めている。D2は日本列島以外では殆ど存在しないが，アイヌ人の88％はD2で，北日本と琉球の人口の40％くらいを占めている（崎谷，pp.20-22）。縄文人については自然人類学者埴原和郎（1927-2004）の唱えた東南アジア起源説が一時有力説であったが，遺伝学者たちに批判され，バイカル起源説が有力になってきている。

（d）　Oは漢人系で，O2bが長江流域，O3が黄河流域から渡来した弥生人である。O2bは，呉の滅亡（紀元前473年），越の滅亡（紀元前334年）による長江文明崩壊に伴って，朝鮮半島経由で流入し，稲作をもたらした（崎谷p.79）。1世紀の思想家王充の著書『論衡』に，倭人が周に薬草を献上したとの記事があり，3世紀の『晋書』などに，倭人が「呉の太伯の子孫である」と名乗ったとの記事がある。

（e）　中国人は大地（天下）を四方に広がった無限の平地，黄河下流がその中央（中原）で，文明の中心（中華）であるとした。その上空の「天」は意思をもち，有徳の人物に「天命」を下し，「天子」とする。「天子」の現実の支配力の範囲は時代によって異なるが，観念的には「天子」は全地上の支配者で，「天子」が不徳であれば天命が革まる（革命）。中原から東西南北に「東夷西戎南蛮北狄」と呼ばれる低文明の民衆が住んでおり，その権力者たちは中華帝国の冊封を受け，皇帝に朝貢する。中華帝国は周辺諸国を匈「奴」・鮮「卑」な

どと呼んで優越性を誇示した(「奴」国,「卑」弥呼も同様の例である。矮小を示唆する「倭」もその一例であろう)。事実としては,五胡十六国時代における北方諸王朝,遼・金・元・清など,中原外から侵入した王朝が漢民族を支配したこともある。

(f) 内海であった日本海の北部及び南西部が大陸から分離したのは13000-12000年前とされる。日本列島は,中華帝国から見れば,東方海上の離島であり,文化圏内ではあるが,政治的・軍事的支配圏の限界的領域に位置した。大陸勢力の日本への影響は,琉球経由のものと朝鮮半島を通じてのものとがあるが,何れにせよ中華帝国に対する(諸時代における)日本の,完全従属でもないが完全独立でもない中途半端な地位はこの地理的位置に由来する。

(g) 『漢書』に「楽浪海中有倭人,分為百余国,以歳時来献見」とある。弥生中期,未統一状態であるが,「百余国」の中には定期的に楽浪に貢物を持参する「国」も存在した。『後漢書』には「建武中元二 (57) 年 倭奴国奉貢朝賀 使人自称大夫 倭国之極南界也 光武賜以印綬」とあり,「奴国」の高官が洛陽を訪れて光武帝から印綬を賜与された(その時賜与された「漢委奴國王印」と刻印された金印は1784年博多・志賀島で発見された)。「倭国」は広い領域国家,「奴国」はその中の一都市国家であろうか。同じく『後漢書』に「安帝永初元 (107) 年 倭国王帥升等献生口百六十人願請見」とあり,「帥升等」とは諸都市国家の連立政権で,帥升は領域国家「倭」の連立政権指導者か。

(h) やがて2世紀後半「倭国大乱」の時代となる。大乱は2世紀末頃女王卑弥呼によって終熄した。『魏志』は「其国本亦以男子為王住[とどまること]七八十年 倭国乱 相攻伐歴年 乃共立一女子為王 名曰卑弥呼　事鬼道　能惑衆 年已長大　無夫婿, 有男弟, 佐治国」(魏志)と記録している。卑弥呼をヒステリーの狂女と看做すのは誤りで,託宣解釈者の男とペアで行動した冷徹な政治指導者であった可能性もある(持統天皇と藤原不比等のペアのように)。岩戸隠れの天照大神に卑弥呼のイメージが宿っている可能性もある。

(i) ある時期から日本列島の支配者が日本列島を「天下」と称し,その支配者を「あめのしたしろしめす」者と称するようになった。少なくとも自国内イデオロギーとしては,中国と対等者であるとする自己主張である。熊本江田船山古墳出土の鉄刀に「台(治)天下獲□□□鹵大王世」と刻まれており,1968年埼玉県行田市稲荷山古墳から出土した鉄剣に「獲加多支鹵大王」と刻まれていたことから,「獲□□□鹵」は(雄略天皇と推定される)ワカタケルと読

むことが判明，雄略天皇の五世紀後半には，日本の統治者は日本列島を「天下」と称していたことが知られる。

（j）　大和朝廷は7世紀初頭遣隋使を派遣，「日出処天子致書日没処天子無恙」という国書を送って，煬帝を怒らせた。以後遣唐使は「唐側では朝貢，日本側では対等」という，了解の食い違いのままで行なわれた（もっとも日本側の「対等」意識の存否・濃淡は時期によって異なる）。遣唐使時代には国書が残っていないのは，文面が紛糾のもととなったため，使節が日本側の国書や中国側の返信を届けなかったのではないかという推測がある。推古16（608）年6月，小野妹子が隋皇帝の国書を百済人に「探りて掠（かす）み取られ」，紛失したと奏上したことについて（『日本書紀』），宣長は「まことは書のさまのゐやなかりし故に，こなたの大御心にかなふまじきことをはばかりて，ことさらにうしなひしにも有べく」と言っている（「馭戎慨言」『宣長全集第8巻』〔以下『全集Ⅷ』等と表記〕p.46）。

（i）　『馭戎慨言』（ぎょじゅうがいげん）は擬古文では「からをさめのうれたみごと」と読むらしい（白子昌平「馭戎慨言序」『全集Ⅷ』p.22）。「からをさめ」とは，「近隣諸国は皆わが国の支配対象であるはずだ」という前提の主張，「うれたみごと」とは「従来そのように表現されて来なかったのが残念である」という趣旨であろう。同書は「皇大御国ハ，天地ノ間ニアラユル万国ヲ御照シ坐マス，天照大御神ノ御生坐ル本ツ御国ニシテ，即其御後ノ皇統，天地ト共ニ動キナク無窮ニ伝ハリ坐テ，千万御代マデ天下ヲ統御ス御国ナレバ，懸マクモ可畏天皇ノ尊ク坐マスコト，天地ノ間ニ二ツナクシテ，万国ノ大君ニ坐マセバ，異国々ノ王等ハ，悉ク臣ト称ジテ，吾御国ニ服事ルベキ理著明シ」（「漢字三音考」『全集Ⅴ』p.381）という思想によって，極東史を書き直そうとした作品である。この自集団絶対化思想の根拠は『記紀』の神話にあり，この思想を歴史を通じて描き出したのが宣長の「歴史神学」（下記第Ⅵ章）である。

Ⅳ　宣長の啓示神学

（a）　「神学」の語は西洋語の訳語として始まったわけではない。「世に物まなびのすぢ，しなじな有て，一やうならず。そのしなじなをいはば，まづ神代紀をむねとたてて，道をもはらと学ぶ有り，これを神学といひ，其人を神道家といふ」（「うひ山ぶみ」『全集Ⅰ』p.3，「玉勝間」『全集Ⅰ』p.47））。「神学者」と

いう言葉も出てくる(「うひ山ぶみ」p.9)。しかし宣長は，このような「神学者」たちについて否定的である。昔儒者たちが儒学の副業として神典を研究していた頃は「やすらか」(まあまあ許せる程度)であったが，後世には「神学といふ一ながれ」が登場し，「さかしら」で儒にながれ，「天理陰陽」などの説を持ち込み，高天原は帝都で天照大神は太陽でないとするなど「漢意(からごころ)」にかぶれたと言う(「玉勝間」pp.104-5)。

　(b)　宣長の出発点は「この世の不思議」ということである。人間がまだ存在しない状況下で，『記紀』の神話などを不条理だとして嘲笑う儒者のような小賢しい人物に，人間について説明するとする。「その上方に『頭』というものがあり，その左右に『耳』というものがあって物を聞き，前に二つ『目』というものがあって物を見る。その下に『鼻』という物があって臭いを嗅ぎ，その下に『口』というものがあって，奥から息が出てきて，唇や舌を様々に動かすと様々な情報を伝えることができる。頭の下の左右に手という物があって先端は五本ずつに分れ，それを動かして諸々の作業をし，物を製作する。下の方に『足』という二本の物があり，交互に動かせば山にも登れる。胸の中に色も形もなく目にも見えない『心』というものがあって，見たり聞いたり物を言ったり手足が働いたりするのも，実はこの『心』のしわざなのだ」などと儒者に聞かせたら，「いづこのさるあやしきことあるべき，すべてすべて理もなく，つたなき寓言にこそはあれ」と言うだろう，と(「玉勝間」『全集Ⅰ』pp.150-1)。

　(c)　「まづはじめ某(なにがし)の国に，男女すみける。その男女，夜ねたりしほどに，しかしかのわざをしたりしに，女のはらなん，やうやうにふくらかになりて，十月といふころほひ，はらいたくおぼえて，にはかにまへより，何にかあらん，動きて啼ものぞ出来にける，とりあげて見ければ，云々(しかしか)の物になん有ける，またはじめ，はらのふくらかになりつるほどよりして，胸乳より白き汁の出そめて，たえず出けるを，かの出(いで)来て啼物の，声のいづる孔にあてて，くくめしかば，ここちよげにのむままに，よるひるといはずのませつつ，月日をふるままに，其物，やうやうに大きになりゆきて，はじめのほどはせざりしわざどもも，やうやうにしいでてなむ」などと儒者に説明したら，「例の寓言」だと言うだろう，と(同, p.151)。

　(d)　自教派独尊が，宗教者の一特徴であるとすれば，宣長はそのような宗教者である。「まことの道は，天地の間にわたりて，何れの国までも，同じくただ一すぢなり。然るに此道，ひとり皇国にのみ正しく伝はりて，外国にはみ

な，上古より既にその伝来を失へり」（「玉くしげ」『全集Ⅷ』p.309）。なぜ中国の「天」信仰や仏教の輪廻信仰が誤りで，記紀の高天原信仰のみが正しいと言えるのか。

（e）「目にも見えず耳にも聞えぬかくれたる理」なるものは「造り事」で，「火はただ火也，水はただ水也，天はただ天，地はただ地，日月はただ日月也と見る外なし」（「石上私淑言」『全集Ⅱ』p.185）。火水天地日月は疑いの容れようのない「事」であるが「陰陽五行」などは「理」であり「無きこと」であって「漢国聖人の妄作」である，と（「葛花」『全集Ⅷ』pp.160-1）。これは経験知のみを認識の源泉とする，反形而上学的経験論である。「すべて物の理は，つぎつぎにその本をおしきはめもてゆくときは，いかなる故とも，いかなる理とも，しるべきにあらず，つひに皆あやしきにおつる也。然れば陰陽も太極無極も，阿字真如も，みなかりのさへづりぐさにして，まことにはその理あることなく，えうなきいたづらごと也かし」（「玉勝間」p.135）。仏教の地獄極楽信仰も「方便の作り言」である（「答問録」『全集Ⅰ』p.523）。藤村作（1875-1953）も宣長の思想を「感覚主義的な」「実証的思想」「実証的不可知論的思想」と性格づけている（『本居宣長』(1936) pp.215, p.223）。

（f）宣長は天地開闢に関するインド・中国・日本の三神話を比較する。まず「さかしけど人のさとりはかぎりあるを神代のしわざいかではからむ」（「玉鉾百首」『全集ⅩⅧ』p.323）と詠み，「その始め終りの時に生れあひて，まさしく見ずは，その説のあたれることは，いかでかはしらむとする」（「玉勝間」p.333）と不可知論的態度をとるように見えるが，結局彼が「神のみふみ」と呼ぶ『古事記』（及びそれに準ずる古典）に書かれていること（神代の古伝説）が神学的真理であるとする。「古伝説とは，誰言出たることともなく，ただいと上代より，語り伝へたる物にして，即ち古事記日本紀に記されたるところ」である（「玉くしげ」Ⅷ, p.310）。日本にのみこのような古き真理が承継されているのは，日本の「重厚なる風儀」，即ち「すべての事に，己がさかしらを用ひず，かろがろしく旧きを改むること」をしないため，「古伝の説も，ただ神代より語り伝へのままにて，伝はり来」ったからである。「かの軽薄なる唐戎のあらはせる書」などとは違うのだ，と（「玉くしげ」p.314）。「唐戎」という表現は，彼の逆中華思想の表れである。

（g）彼の議論は，外国神話の擬似合理主義は人為的虚偽であるが，それと対比される日本神話の非合理の中にこそ真があるという逆説に依拠している。

中国の説話が「よろづにかしこく，ことわり深く聞ゆる」のに対し，『記紀』の伝承が「はかなくおろかにきこゆ」るところに，却って「智の及びがたくはかりがたき，深きことわり」（「玉勝間」『全集Ⅰ』p.151-2），「妙趣」（「玉くしげ」『全集Ⅷ』p.310），「妙理」（p.315）があるという。受胎という「童べのたはれにもおとりて，はかなくおろかなるしわざ」によって「人のたくみにてはえ作らぬ，まことの人の，さばかりたやすく成出る」ではないか。「神代のつたへごと」も「なにのことわりありげもなく，はかなくおろかにきこゆれども，まことには，人の智の及びがたくはかりがたき，深きことわり」があるのだ，と（「玉勝間」p.152）。

（ｈ）　宣長は宇宙起源問題をめぐって日本神話と儒・仏神話を対比するが，多少は西洋天文学の初歩的知識に立ち入る。一僧侶が仏典を根拠として「地平説」を説くのに対し，「釈迦のいへる世界の説は悉く虚妄にして，一も実なることなし」，それに対し西洋人の「地球説」は「近来西洋の人世界を経めぐり，万国をつぶさに」見聞していて，依拠し得ると言う（「沙文文雄が九山八海解嘲論の弁」『全集ⅩⅣ』p.163）。しかし結局「此大地は，空にかかりたらんか，物のうへに著たらんか，…その物の下は，又何物にて支へたりとかせん」「地球は円体にして，天中に包まれて，空にかかれりとする渾天の説ぞ，まことしげに聞ゆれ共，尋常の理を以て見れば，いかに天の気の充満（みちみち）たればとて，此国土大海などの，空中にかかりて，動かざるべき由なければ，畢竟はこれも又奇異（くし）からざることあたはず」（「葛花」『全集Ⅷ』p.129）と，「すべてが不思議」という議論，即ち神話の領域に立ち返る。神話の領域ならば，作為の臭いのする中国やインドの神話よりも，「妙趣」漂う日本神話の方が真の説話ということになるのである。西洋では紀元前3世紀，エラトステネス（Eratosthenes 274-195/4 BCE）が，シエネ（Syene，現代エジプトのAswan）で夏至の正午に陽光が井戸の底に達することを発見，同時刻のアレクサンドリアの影の角度と比較し，ほぼ正確に地球の円周を算出していた。

（ｉ）　彼はキリスト教神学における神義論（Theodizee）の問題，即ち「この世になぜ道徳的不条理，正しき者が不幸になり，悪しき者が栄えるようなことがあるのか」というヨブ記的問題について，多く論じている。西洋の自然神学的神義論は「善ばかりの世界よりも，悪を存在させてそれを克服する世界の方がより高い世界だ」「自然的善がそのまま実現する世界よりも，自由意思をもった人間がその自由によって罪を犯し，それを贖罪させる秩序の方が高次の

1　政治神学としての宣長国学〔長尾龍一〕

秩序だ」という「弁証法」的議論でろう。しかし啓示神学者の宣長は，ただ「伊邪那岐大御神の御禊の時，豫美国の穢より成出たまへる，禍津日神と申す神の御霊によりて」悪や倫理的不条理が生ずるのだと言う（「玉くしげ」『全集Ⅷ』p.315）。「善人も禍（まが）り，悪人も福（さか）ゆるたぐひ，尋常の理にさかへる事の多かるも，皆此〔禍津日〕神の所為なるを，外国には，神代の正しき伝説なくして，此所由をえしらざるが故に，ただ天命の説を立て，何事もみな，当然理（しかるべきことわり）を以て定めむとするこそ，いとをこなれ」（「直毘霊」『全集Ⅸ』p.55）。

（j）仏教の地獄極楽信仰のようなものも，「人智のおしはかりの理窟を以ていひ，或は世の人の尤と信ずべきやうに，都合よく造りたる物にして，いづれも面白くは聞ゆれども，皆虚妄」である。「死すれば，妻子眷属朋友家財万事をもふりすて，馴たる此世を永く別れ去て，ふたたび還来ることあたはず，かならずかの穢き豫美国に往ことなれば，世の中に，死ぬるほどかなしき事はなきもの」である。「伊邪那岐大御神すら，かの女神のかくれさせ給ひし時は，ひたすら小児のごとくに，泣悲みこがれ給ひて，かの豫美国まで，慕ひゆかせたまひしにあらずや」（「玉くしげ」『全集Ⅷ』pp.316）。

（k）「己は古道の眼を以て見れば然思はるる也，古学を信ぜざる人は，これを信ぜざらんこともとより論なきをや。…信ぜん人は信ぜよ。信ぜざらん人の信ぜざるは又何事かあらん」（「呵刈葭」『全集Ⅷ』p.412）。結局は Credo quia absurdum という信仰の論理であるように見えるが，実はその背後に，wishful thinking を真実認識の敵だとする直感が存在しているのではないか。

（l）それにしても『記紀』はおよそ信じられないような話に満ちている。イザナギ・イザナミが「天の浮橋」に立って矛で潮をかき回し引き上げると，垂れた塩が累積して島となった。「膏（あぶら）を煮むはさることなれど，潮は如何にかきめぐらせばとても，凝（こら）むことはいかが，と云ふ疑ひも有りぬべけれど，此は産巣日神の産霊によりて，国土の初まるべき，神の御為（みしわざ）なれば，今尋常の小理を以て，左（か）に右（かく）に測云ふべきにあらず」と（「古事記伝」『全集Ⅸ』p.163）。橘守部は，『記紀』の説話には「御代御代の天皇皇子たち，いまだ稚くましますほどの御口すさみ」（子供向けのお伽噺）もまじっており，「老爺（ヂヂイ）は山へ柴苅に，老婆（ババア）は河へ洗濯に，などの類ひ」で，宣長のように「あやしき事をもことごとく信じよ」などと言うのは「ひが事」だ，と言っている（「古事記索蘊頭書」『橘守部集』（1944）

13

pp.351-3)。しかしそういうことは宣長に分っていない訳はない。宣長の神話に対する態度は、あれこれ擬似合理主義的な説明を試みることの停止、判断停止（Epoche）で、これはホッブズが「宗教は、病人が薬を丸飲みするように丸飲みすべきだ」（*Leviathan* Chap.32, 3）と言ったのに近いのではないか。

V　宣長の自然神学

（a）　宣長には『古事記』等を典拠とする啓示神学の他に、それを補うものとして自然神学がある。キリスト教神学において自然神学が追求するのは、理性と経験を基礎とした真理であるとされる。中世においては、その典拠はプラトンやアリストテレスなどのギリシャ哲学、及び、それの発展形態としてのスコラ哲学であった。

（b）　宣長において自然神学は、何よりも『記紀』の「産霊（むすび）の神」に関する彼の解釈を通じて展開される。自然神学の基本法則は「此の世の中の惣体の道理」と呼ばれ、「其の道理とは、此天地も諸神も万物も、皆ことごとく其本は、高皇産霊神、神皇産霊神と申す二神の、産霊（むすび）のみたまと申す物によりて、成り出来たる物にして、世々に人類の生れ出で、万物万事の成出るも、みなこの御霊にあらずといふことなし」と言う（「玉くしげ」『全集Ⅷ』p.309）。このムスビの神という啓示神学上の神格を媒介として、創造的進化を促す生命力としてのムスビという自然神学的存在が導入され、そこから「悪はつひに善に勝ことあたはざる神代の道理」という宣長神学のオプティミスト的性格が導き出される（p.317）。このオプティミズムの世界においては、「悪事凶事」は原則として支配する「吉事善事」に「まじる」に過ぎない（p.315）。

（c）　この自然神学は、老荘思想の「天地自然の道」に近く、賀茂真淵はこれを国学思想の体系の中核に据えた（長尾「国意考ノート」（1968年）『日本国家思想史研究』（1982年）参照）。ところが宣長の「古道」は「天地のおのづからなる道にもあらず、人の作れる道にもあらず、此の道はしも、可畏（かしこ）きや高御産巣日神の御霊によりて、神祖（かむろぎ）伊邪那岐大神伊邪那美大神の始めたまひて、天照大御神の受たまひもちたまひ、伝へ賜ふ道」である（「直毘霊」『全集Ⅸ』p.57）。真淵流の自然神学に対する（固有名詞で示される神々による）啓示神学の優位である。

（d）　彼の自然神学的人間論の中心が「まごころ」論である。「真心とは、

産巣日神の御霊によりて，備へ持て生れつるままの心」で，「智なるもあり，愚なるもあり，巧なるもあり，拙きもあり，善もあり，悪きも」ある（「葛花」『全集Ⅷ』p.147）。「おほかた人は，いかにさかしきも，心のおくをたづぬれば，女わらはべなどにもことに異ならず」（「石上私淑言」『全集Ⅱ』p.151）。子と死別した母は「ひたぶるになきこがるる」が，父は「猶のどやかにおもひしづめて，さまよく」見える，しかし実はそれは「人めをつつみ，世にはづるゆへに，かなしき情をおさへて，あながちにもてつけつくろひたるうはべ」に過ぎず，「心のおくは父も母も，かなしみの深さ浅さのかはるべうも」ない（p.153）。「めめしう欲哭泣（なかむとせ）しぞまことの情」である（p.152）（これは小児科医宣長の人間観察でもあろう）。「うまき物くはまほしく，よききぬきまほしく，よき家にすままほしく，たからえまほしく，人にたふとまれまほしく，いのちながからまほしくするは，みな人の真心也，然るにこれらを皆よからぬ事にし，ねがはざるをいみしきことにして，すべてほしからず，ねがはぬかほをするものの，よにおほかるは，例のうるさきいつはりなり，又よに先生などあふがるる物しり人，あるは上人などたふとまるるほうしなど，月花を見ては，あはれとめづるかほすれども，よき女を見ては，めにもかからぬかほして過るは，まことに然るにや」（「玉勝間」『全集Ⅰ』p.145）。

（e）この「まごころ」を蔽って建前への忠実を装い，その建前から他人を非難する心性が「からごころ」である。「すべて喜ぶべき事をも，さのみ喜ばず，哀しむべきことをも，さのみ哀しまず，驚くべき事をにも驚かず，とかく物に動ぜぬを，よき事に尚ぶは，みな異国風の虚偽にして，人の実情にはあらず」（「玉くしげ」『全集Ⅷ』p.316）。「異国（あだしくに）」は「人心あしく，ならはしみだりがはしく」，「乱れたる世には，戦にならふゆゑに，おのづから名将おほくいでくるが如く，国の風俗あしくして，治まりがたきを，あながちに治めむとするから，世々にそのすべをさまざま思ひめぐらし，為（し）ならひたるゆゑに，しかかしこき人ども」が出てくる（「直毘霊」『全集Ⅸ』pp.50-1）。この日本の「異国」に対する文化的・倫理的優位の前提には，異国は「天照大御神の御国にあらざるが故に」（p.50）という啓示神学的優位があり，そこから日本の倫理的・政治的優位が導き出されるのである。

（f）宣長は「情」と「欲」を区別し，「欲」は「あはれならざる」「きたなきおもひ」だという（「石上私淑言」『全集Ⅱ』p.158）[「石上私淑言」などでは「欲」，『葛花』などでは「慾」と書く]。人間学においては「欲」も「真心」であるが，

倫理学においては「真心」の中にも，単なる「欲」と区別された一種の自然的倫理が存在する。「或は忠，或は孝，或は礼，或は義などいふ，その名こそ漢国聖人の始めつらめ，その実は皇国にも本より有て，人たる者は，皆よく知て行へる事にて，殊にこれを教へ諭すまでもなか」った（「葛花」『全集Ⅷ』p.137）。それに対し「異国」は「国の風俗あしくして，治まりがたきを，あながちに治めむ」とし，「仁義礼譲孝悌忠信などいふ，こちたき名どもを，くさぐさ作り設て，人をきびしく教へおもむけむ」とする故に却って「人の心さかしだち悪くなり」「いよよ国は治まりがたくのみなりゆくめり」という（「直毘霊」『全集Ⅸ』pp.51-2）。自然的倫理は「情」の世界に宿っていて，「欲」が強くなると「からごころ」の偽善的倫理が支配的になるのである。

（ｇ）　むしろ推奨されるのは，「欲」の断念の悲しみを歌に詠んで心をはらすこと，芸術による悲しみの昇華である（「石上私淑言」『全集Ⅱ』p.109）。歌を通じて「人の情（こころ）のやうを深く思ひしるときは，のづから世のため人のために，あしきわざはせぬ物なり。これ又物のあはれをしらする功徳也」（p.168）と，歌の政治的効用にも言及している。これは「和歌の本体は，政道のたすけとするものにあらず」，しかし「上たる人の，下民の情」を「知り察し玉ふ」ところで「政道のたすけとなる」（「あしわけをぶね」『全集Ⅱ』p.49）という若き日の彼の思想と連続している。自らの情念を表現することによって，同じ人間である権力者との情緒の共有（sympathy）に導くのである。

（ｈ）　啓示神学においては天孫降臨が天皇の世界支配権の根拠となるが，自然神学においては，「徳」を「種」に優先させる思想の叛乱的性格という政治学的議論が世襲君主制の正統性の根拠となる。「皇国は神代より君臣の分早く定まりて，君は本より真に貴し。その貴きは徳によらず，もはら種による事にて，下にいかほど徳ある人あれ共，かはることあたはざれば，万々年の末の代までも，君臣の位動くことなく厳然たり」「異国は徳を尊む俗にて，庶人といへ共，徳だにあれば尊しと思ふ故に，おのづから上をあなどる心有て，つひに篡奪の禍をまねけり」（「葛花」『全集Ⅷ』pp.153-4）。

（ｉ）　秩序を正義に優先させるこの思想の背後には，「己が勝と思ひ劣と思ふ事，実に勝也や劣なりや，孰か之を証せん」（「講後談」『全集ⅩⅣ』p.182）という価値判断の主観主義がある。「有徳者の支配」という孟子流の天命思想は，私人による徳の認定権の篡奪を招き，「君を滅し国を奪ひし聖人の，己が罪をのがれむために，かまへ出たる託言」となる（「直毘霊」『全集Ⅸ』p.54）。

（ｊ）　賀茂真淵（1697-1769）が「あめつちのおのずからなる道」という自然的規範を最高規範としたのに対し，宣長は価値相対主義の前提から，決断権者を主権者とする法実証主義者となる。「そもそも道といふ物は，上に行ひ給ひて，下へは，上より敷施し給ふものにこそあれ，下たる者の，私に定めおこなふものにはあらず」（「うひ山ぶみ」『全集Ⅰ』p.10)。しかも被治者は，この規範に，自然法論者が要求するように，内面的に服従すべきであるとされる。「善き悪き御うへの論ひをすてて，ひたぶるに畏み敬ひ奉仕（まつろ）ふぞ，まことの道には有ける」と（「直毘霊」『全集Ⅸ』p.56)。

（ｋ）　「他律的規範に内面から服従せよ」というこの要求は当然に無理難題であり，ここに自己犠牲の日本美学が登場する。西征より戻るや否や直ちに東征を命じられた倭建命は，伊勢に赴き，姉の倭姫命に，父天皇は「即（はや）く吾を死ねとや思ほすらむ」と思い泣く。宣長は「如此恨み奉るべき事をば恨み，悲むべき事をば悲み泣賜ふ，是ぞ人の真心にはありける」と認めつつ，「然れども，大御父天皇の大命に違ひ賜ふ事なく，誤り賜ふ事なく，いささかも勇気の撓み給ふこと無くして，成功竟（ことなしを）へ給へるは，又いといと有難く貴からずや」と言う（「古事記伝」『全集ⅩⅠ』pp.218-9)。

（ｍ）　もっとも宣長が「玉くしげ」「秘本玉くしげ」などを執筆していた天明年間は，百姓一揆などが頻発した時期で，現実政治への発言となると，弱者の自己犠牲にのみ依拠するイデオロギーばかりを説いてはいられなくなる。「すへて何事にても，心よく帰服してする事にあらざれは，末とほりがたく，永くは行はれぬものなり」（「秘本玉くしげ」『全集Ⅷ』p.350)。「すべて命令の趣は，ことごとく道理のつみたる事にあらざれば，下の心から帰服はせぬものなり。いささかにても，上の勝手にまかせて，尤ならざる事のまじる時は，うはべこそ威勢に畏れて，服せるやうなれ，内々にてはあざ笑ひて，中々帰服はせず」（p.362)。そして百姓町人が大勢徒党して強訴濫放するような事態の原因は「いづれも下の非はなくして上の非なるより起」るものであるという（p.341)。

Ⅵ　宣長の歴史神学

（ａ）　秦の始皇帝が紀元前221年に天下を統一した時期を「馭戎慨言」は「孝霊天皇の御世」に相当すると言っている（『全集Ⅷ』p.27)。紀元前660年を神武元年とする編年によれば，孝霊天皇は西暦342年から215年まで127年生きたこ

とになっており，宣長はこの『記紀』の編年に依拠しているようである。「呵刈葭（かかいか）」において宣長と上田秋成が上代天皇の超長寿について論争しているが，両者とも上代は神秘な世界だからこのような長寿もあり得るという前提に立っている。

（b）　倭の奴国や邪馬台国などの朝貢に関する中国史書の記事に関しては，「筑紫の南のかたにていきほひある，熊襲などのたぐひなりしもの」が「私につかはしたりし使」で，大和朝廷とは無関係だとしている（「馭戎概言」『全集Ⅷ』pp.32-3）。大和朝廷は既に大和にいるのである。

（c）　推古朝以後の遣隋使・遣唐使における国書には「天皇勅隋国王などとこそ有べきに，此度かれをしも天子とのたまへるは，ゐやまひ給へること，ことわりに過たりき」（p.43）と言う。唐時代には詔書を送ることをやめてしまった。「天子天皇などとのたまひてはかの王受奉るまじく，さりとてかれが申すままに，日本国王などと，おとしてはたのたまふべきにあらざるが故」である（「馭戎概言」p.62）。

（d）　武家伝説においては北条義時・泰時は賢人とされ，北畠親房は，北条義時は有徳で，順徳院が彼の追討を試みたのは「上の御とが」であったと言っている（『神皇正統記』『日本古典全集』(1934) p.128）。それに対し宣長によれば，義時・泰時・尊氏は，朝廷に弓を放った叛逆者で，「大賊」（『葛花』『全集Ⅷ』(p.154)），「穢悪（きたな）き賊奴（やつこ）」（「直毘霊」『全集Ⅸ』p.56）である。「よき人といふはたがこと鎌倉のたひらの子等はくにのつみびと」（「阿麻理歌」『全集ⅩⅦⅩⅧ』p.328）と。

（e）　足利義満が「日本国王」の名で明朝の冊封を受けたことを，「皇国をから国のやつこになして，末の代迄いみしき恥をのこし」たと非難し（「馭戎概言」『全集Ⅷ』p.90），「戎（から）国に媚びてつかへてあしかがの醜（しこ）の醜臣皇国（みくに）けがしつ」と詠む（「阿麻理歌」p.328）。それに対し義持による明朝皇帝への強硬な国交断絶の書状については，「明王を爾が主とのたまへるなど，殊にめでたし」などと褒めている（「馭戎概言」p.93）。

（f）　織田信長は「しづはたを織田の命はみかどべを払ひ静めていそしきおほきみ」と，朝廷への奉仕が評価され，神格化される（「阿麻理歌」p.328）。「しづはたを」は「織る」の枕詞，「いそしき」は「はたらきぶりのよい」というような意味であろう。

（g）　豊臣秀吉の国内統一も「まつろはぬ国等ことごとまつろへて朝廷（み

かど）きよめし豊国の神」と神格化される（「阿麻理歌」p.328）。朝鮮経由で明朝を征服しようとした行為については，次のように言う。

「すべて此度の御いくさよ，朝鮮のつみをば，しばしのどめおきて，おぼしたちけんままに，はじめよりまづ明の国をこそ，うち給ふべかりけれ。そは朝鮮をへて，かの北京へよせんは，たよりよからねば，南のかたより物して，まづ南京といふをとるべき也。かの足利のころ，西のほとりのあふれもの〔倭寇〕の，わたりまかりて，あらびたりしをりをりだに，しづめかねて，いみしきさわぎなりしかば，かの国人は，日本と聞けば，ただ鬼神のごとおもひおぢたるうへに，近きほど此太閤の御名，よものうみの外迄，とどろきわたりて盛りなるに，その御軍しもおしよせくときかば，…わななきにげぬべければ，南京をもとり給はんことは，いともたやすかるべし。…かの江南といふなる程などは，おのづからのこりなく，御手に入なんこと，うたがひなし，さてしたがひまゐらむものをばゆるして，よろしくはからひ，いささかの国のさまたげをなさず，民をやすめて，よくまつりごちなば，かの国人共，とらおほかみのごと思へりし御国人を，ひきかへしたふやうもありぬべし。かくしてやうやうに北の方へおしもてゆきなんには，北京もまた御手にいりぬべく…」。(p.113)。

これは日中戦争初期の日本軍の発想と瓜二つである。

（h）徳川家康も「東照るかみのみことの安国としづめましける御世はよろづ代」（「阿麻理歌」p.328）と神格化され，「万づにつけて，いともいともかなしきは，乱れ世のしわざなりけり，さるを今の御世は，いにしへにもまれなるまで，よく治まりて，いともめでたく」と讃美される（「玉勝間」『全集Ⅰ』pp.200-1）。幕藩体制は次のように描き出される。

「さて今の御代と申すは，まづ天照大御神の御はからひ，朝廷の御任（みよさし）によりて，東照神御祖命より御つぎつぎ，大将軍家の，天下の御政をば，敷行はせ給ふ御世にして，その御政を，又一国一郡と分て，御大名たち各々これを預かり行ひたまふ御事なれば，其御領内御領内の民も，全く私の民にはあらず，国も私の国にはあらず，天下の民は，みな当時これを，東照神御祖命御代々の大将軍家へ，天照大御神の預けさせ給へる御民なり」（「玉くしげ」『全集Ⅷ』p.319）。

神－朝廷－幕府－諸大名という授権（みよさし）のヒエラルヒーである。

頂点の天皇は「物みなはかはりゆけどもあきつ神わが大君の御代はとこしへ」(「玉鉾百首」『全集XIII』p.322)と謳われたように「あきつ神」，即ち人間の姿をとった神である。本居大平の註に「あきつ神は，現神とかきて，御代々々の天皇を申す。天皇はすなはち神にてましませば，現在の神とまうすことにて，わが大君と申す詞に，かうふらせいふ詞なり。古き宣命の詞に，現神御宇天皇詔旨(アキツカミトアメノシタシロシメススメラガオホミコト)云々などあり」とある(「玉鉾百首解」『本居春庭・本居大平全集』(1902) p.283)。

　1946年元旦，昭和天皇は「天皇ヲ以テ現御神トシ，且日本国民ヲ以テ他ノ民族ニ優越セル民族ニシテ，延テ世界ヲ支配スベキ運命ヲ有ストノ架空ナル観念」を否定した。もちろん昭和天皇は宣長のこのような著書を読んでいたであろう。

◆ 2 ◆

法は幸福を部分的にしか現実化しない，そしてそれには理由がある

森村　進

I　序
II　法は個々人の幸福を保護・尊重しているか，またすべきか——いずれについてもある程度までは然り
III　法は個々人の幸福を増進・実現しているか，またすべきか——いずれについても多くの場合は否
IV　法は社会全体の幸福を増進・実現しているか，またすべきか？
V　個々人の幸福は社会にとってどれほど重要なのかか

〔要　旨〕

　本稿は法と幸福の関係を考察するものである。本稿の主張は，法は諸個人の幸福を積極的に増進するというよりも，幸福を消極的に保護するものであり，その対象もあらゆる幸福ではなく，権利の対象である幸福などに限られるが，そのことには十分な理由があるというものである。さらに法制度を社会的厚生の最大化のための手段とみなす「法の経済分析」の見方や，国民幸福度指標を公共政策の目標として採用しようとする幸福度研究のアプローチが批判的に検討される。なお本稿が前提とする幸福の観念は大体「福利 well-being」と同じだが，その内容に関する特定の見解を前提しているわけではない。

〔キーワード〕　幸福，福利，効用，利益，法の経済分析，国民幸福度指標

I 序

　本論が取り上げる問題は，「法は人々の幸福をどのようにして現実化しているか，また現実化すべきか？」というものである。ここでいう「現実化」には，消極的な「保護・尊重」と積極的な「増進・実現」の両方が含まれている。私は両者を区別して取り扱いたい。
　本論にはいる前に，まず用語法について説明しておこう。
　日本語の「幸福」「効用」「功利」「福利」「厚生」，英語の "happiness", "utility" "well-being", "welfare" ── これらの言葉を私は本稿では同義語として理解する。確かにそれらの表現の間には無視できない相違があって，哲学文献でも必ずしも同じ意味で用いられているわけではない。特に今日の英語文献では，"happiness" はこれらの中でもそれ以外の言葉と違い，主観的・心理的な状態として，日本語なら「幸福」というよりも「幸福感」に近い意味に制限して用いられることが多い（Haybron 2013: p.11; Fletcher 2016: ch. 5）。たとえば後に第4節で言及する，最近盛んな経済学における幸福度研究が問題にしている「幸福」とは，たいてい「自分の生活に関する全体的な満足（overall satisfaction with their lives）」（フレイ2102：30ページ）のことだ。しかし私は「幸福」という日本語の意味をそのように限定する必要はないと思う。「彼は自分を幸福だと思っているが，本当は不幸な人だ」という言明は十分理解可能だろう。この言明は，「幸福」を主観的な幸福感と違った意味で用いている。
　ともかく私がここで問題にしたいのは〈本人にとって善いもの〉── パーフィットの表現を使えば「ある者にとって最善のもの，あるいは最もこの人物の利益になるもの，あるいはこの人物にとってその生を最もうまく行かせるもの」（パーフィット1998：667ページ）── という観念であって，「幸福」「効用」「福利」といった言葉は，すべてそれを指すものとして理解できる。経済学では「効用（utility）」や「厚生（welfare）」が，倫理学では「福利（well-being）」が，そして日常の文章や会話では「幸福（happiness）」が，それぞれ用いられることが多いが，それらは基本的に同じ観念を意味している，と考えるわけだ。
　さらに今引用したパーフィットの表現からも示唆されるように，「利益」もそれら一群の言葉の中に入れられる。特に法の言語では「幸福」や「効用」という言葉よりも「利益」という言葉の方がはるかに一般的だから，議論の中で

後者の言葉も使えることには，法学内部の主張や理論を大幅に利用できるという長所がある。もっとも実際には幸福やウェルビーイングに関する哲学文献で「利益（interest）」という言葉が用いられることは少ないようだ。おそらくその理由は，「幸福」や「ウェルビーイング」では個人にとっての全体的な善が意味されるのに対して，「利益」ではそれを構成するもっと個別的な要素——たとえば，固定資産とか，所得とか，サービスとか，名声とか，余暇といったもの——が意味されるからだろう。一人の人の「諸利益」は考えられるが「諸幸福」は考えにくい。もう一つの理由として，「利益」というといかにも散文的に聞こえてしまい，精神的な喜びにふさわしい表現と感じられないのかもしれない。だが法学では「人格的利益」とか「精神的損害」といった表現が普通に使われているのだから，「利益」およびその反対の「損害」を広い意味で使うことに抵抗が少ないだろう。そこで結局，私は「利益」を「幸福」とほぼ同義で，ただしそれを構成する諸要素という意味も含めて，用いることにする。

　次に，幸福あるいはウェルビーイングとは何かについては，周知のように最近の哲学の世界では，大別すると「快楽説」「欲求実現説」「客観的リスト説」という三つの説が有力に主張されている（その概観として，たとえばFletcher 2016; de Lazari-Radek and Singer 2017: ch.3を見よ。この三分法を最初に明示的に採用したのはパーフィット1998：補論Ⅰらしい）。快楽説とは，幸福を本人が肯定的に評価する何らかの心理的状態と同視する説，欲求実現説とは，本人の欲求が実現されることが（本人による認識の有無を問わず）その人にとっての幸福だとする説，客観的リスト説とは，本人がどう感じるかとか欲するかとは独立に，その人にとって客観的に善いもの——たとえば健康や理性や社会的地位——と悪いものがあるという説である。それと違って快楽説と欲求実現説はともに「主観説」と特徴づけることもできるが，誤った情報に基づくいわゆる「偽りの快楽（false pleasure）」の場合，快楽説ではそれも効用を増大させるが欲求実現説ではそうならず，むしろ効用を減少させかねない，といった相違が両説の間には存在する。

　私はこの問題について定見を持っているわけではない。むしろこの三説のいずれにも否定しがたい長所と短所があるように思う。そこで以下では，幸福あるいは効用をいかに理解するかという問題について，基本的に中立の立場を取ることにする。ただしこれら三説のどれを取るかが特定の法制度や規範的主張と密接に結びつく場合にはそのことを指摘する。

そして私が本稿で言う「法」とは，典型的には今日の日本法を考えているが，それはかなりの程度まで，私的自治を認める法制度一般にあてはまるだろう。——しかし私は本稿の主張が，私的所有権を認めないような法を含めて文字通りあらゆる法制度に妥当するとまでは主張しない。

II 法は個々人の幸福を保護・尊重しているか，またすべきか
—— いずれについてもある程度までは然り

1 財産ルールによる保護

所有権法や契約法は一次的には権利を保護しているのであって，利益を保護しているのではない——。この主張は法的権利を「法的に保護される意志の力」とする「意志説」，あるいはその改良ヴァージョンとして，「法的に保護される選択の権限」とする「選択説」からは当然のものだが，それを「法的に保護される利益」と理解する「利益説」を採用しても十分擁護することができる（権利の性質についてのこれらの説については，ハート1987と森村1989：第一部第三章，さらに青井2007：167-182ページを見よ）。なぜなら所有権をはじめとする物権の侵害に対しては，返還請求権などの物権的請求権による保護が与えられるからだ。たとえば私の持っている土地がかりに時価では1000万円で，私自身は2000万円以上なら売ってよいと考えているとしても，法は私のその土地に対する支配権自体を保護しているのであって，1000万円あるいは2000万円という金銭的価値を保護しているのではない。これをカラブレージとメラメッドの有名な論文「財産ルール，賠償責任ルール，不可譲性ルール」（Calabresi and Melamed 1972。これについては森村1989：44-48ページを参照）の用語法で言えば，公用収用のような例外的場合を別として，所有権は通常「損害賠償ルール（liability rule）」ではなく「財産ルール（property rule）」で守られている。

契約法に移っても，少なくとも日本法では契約による債権は「直接強制，代替執行，間接強制その他の方法による履行の強制を裁判所に請求することができる」（民法414条1項）から，債務不履行に対する損害賠償制度だけで保護されているのではない。ただし英米法では契約の保護方法としてエクイティ上の救済である特定履行（specific performance）が特定の場合にしか認められないそうだから，この点は少々事情が異なる。

法は一次的に権利を保護するとは言っても，むろん多くの場合，権利は利益を体現していたり可能にしたりするのだから，〈法は権利保護によって利益を保護している〉と言うことはできる。イェーリングのような権利の利益説論者はこの点をとらえて，〈権利は利益を保護するために存在するのであって，意志の力の保護はその形式的な手段にすぎない〉と言うのだろう。しかしたとえ法的権利の目的が利益にあるとしても，あらゆる利益主張が権利になるわけではない。かつてのドイツの「利益法学」や日本の「利益考量論」にしても，いわば裸の利益一般までは権利として認めず，ある種の正当な利益だけを法的権利として保護しようとしたのだろう。そうだとしたらやはり利益概念は二次的なものだ。

　もっと端的に，権利の利益説では説明できない場合もある。それは，たとえば他人の土地や家屋に単に侵入するにとどまり財産を損傷させないというふうに，権利者の利益を減少させずに権利を侵害する場合と，市場競争での勝利によって競争相手の権利を侵害せずに利益を減少させる場合だ。前者の場合，通常の意味での損害は存在しないが権利は侵害されている，あるいは侵害されたのだから，それに対する物権的請求権および名目的な損害賠償が認められる余地があるだろう。それと反対に，後者の場合，競争相手は損害を蒙っても権利が侵害されたわけでないから，賠償を受けられない（本節の以上の議論につき，全体として Weinrib 2012: pp.130-4; Sarch 2016: pp.484-5 も見よ）。

2　賠償責任ルールによる保護

　ただし所有権をはじめとする物権が侵害されて，その回復が不可能（物理的には不可能でなくても費用がかかりすぎるなどの理由で実質上不可能な場合も含む。以下同じ）であるときや，債務不履行に対して履行の強制が不可能なとき（民法415条），権利者は損害賠償による権利保護しか受けられないから，この場合権利の保護はカラブレージ＝メラメッドの言う賠償責任ルールによるしかない。だがこの場合も，権利に裏づけられた利益だけが保護されるのであって，利益一般が保護されるわけではない。たとえば契約違反の場合，金銭的損害への賠償は認められても，非金銭的損害，特に純粋に心理的な損害についてまでは賠償が認められないだろう。なお前の段落で指摘したように，権利侵害による損害がささいな場合でも名目的損害賠償が認められることがありうるという事態も，法が利益に還元されない権利を保護しているという例になる。

同じようなことは不法行為についても言える。不法行為法は「個人の権利又は法律上保護される利益」（民法709条）の侵害に対する損害賠償責任を規定しているから，権利保護を通じて利益を保護しているだけでなく，権利とまでは言えない「法律上保護される利益」をも保護していることになる。そして何がそのような「利益」かの判断は，「故意・過失」の判断とともに，侵害行為の違法性の判断の中で比較考量されるかもしれない（いわゆる「違法一元論」）。おそらくその際，権利の利益説を取る論者は意志説論者に比べて，不法行為法で保護される「法益」を広く解する傾向があるだろうが，それでもやはりここで言う「法益」は利益一般ではなく，反射的利益や単なる事実上の利益を含まない。

なおこの点において，幸福に関する諸見解は異なった含意を持つことになりそうだ。たとえば心理的苦痛に対する損害賠償について，快楽説からは主観的評価額が尊重される一方，欲求実現説では市場において取引されない利益の損失は賠償されにくいかもしれない。そのような利益（の損失）の評価が難しいからだ。そして客観的リスト説では，人間として当然感ずるであろうような重大な心理的苦痛の損害賠償の評価は，個別的ではなく標準的な基準によることになるだろう。

3　非財産的損害を賠償する理由はないのか？

ところで後でも触れる法の経済分析家のスティーブン・シャベルは，被害者の損害の補償という問題は損害保険があれば解決されるから，損害賠償制度の目的は一般に考えられているような損害の補償（アリストテレスの言う「矯正的正義」）ではなく，抑止を通じて事故回避のインセンティヴを与えることだ，と主張する（シャベル2010：第11章5および768ページ）。だが現実には誰もが損害保険をかけているわけではない。また次の段落で紹介するように，シャベルが言う通り理想的な損害保険も非財産的損害までは補償しないとしたら，やはり損害賠償制度の目的は損失の補償にあると考えるべきではないか？

シャベルは損害保険が利用可能である場合，リスク回避的かつ合理的な行為者ならば当然保険に加入するはずで，保険に入らないのは不合理だ，と考えているのだろう。そしてシャベルによれば，入院費とか収入の喪失といった財産的損害と違って，たとえば子どもを失うとか単純な苦痛といった非財産的損害については補償しない保険契約が合理的だし（同上：第11章6．1），実際問題

としても，非財産的損害に備えた保険は一般的でない（同上：第11章6．2）——。

さて読者の皆さん，これから先の議論は込み入っているし，常識的な見解からも遠いので，どうか注意して読んでください。——財産的損害と非財産的損害でこの違いがなぜ生ずるのかというと，資産を失った被害者は同額の金銭からその前よりも高い効用を見出すようになるが，非財産的損害を受けても金銭から得られる効用に変化はないのが普通だからだ。別の言い方をすれば——シャベルはこう言っていないが——金銭の限界効用は資産の大きさにつれて逓減するから，被害者にとって同一額の金銭は事故以後の方が効用が大きくなるのだろう。たとえば，1000万円の金銭的損害を蒙った人は，1万円という金銭を以前よりも大切に評価するようになるだろう。しかし自分の子供を失った親にとっては，その前も後も，1万円がもたらす効用の大きさに大差はなさそうだ。従って，財産的損害だけを補償し非財産的損害を補償しない契約に加入するのが合理的だ。このことは，「最適な保険契約において個人が受け取る補償は，効用を完全に回復するものではない」（同上：308ページ）ということを意味する。そしてシャベルは以上のことの含意として，損害保険だけでなく損害賠償もまた非財産的損害を補償すべきではないと言う。彼によれば——

> 非財産的損害について被害者が加害者に対して賠償責任を追及できるものとすることは，リスクの観点からはむしろ望ましくない……（被害者に支払われる賠償金が「保険金」に相当する）。この場合，理論上は，加害者に被害者に対する賠償責任を負わせる代わりに国に対して罰金を支払わせることによって，社会的厚生を増進することができる。罰金は，加害者に注意を払うインセンティブを与えるとともに，国の収入源になるため，その分だけ税金を減らせるからである。（同上：802ページ。また第11章6．3-5も見よ）

つまり被害者の蒙った非財産的損害の賠償額を，加害者が被害者でなく国に支払わせるのが最善だというのだ。

私はこの議論に納得できない。〈人は財産的損害だけを補償して非財産的損害までは補償しない保険契約に加入することが合理的だ〉という前提を受け入れるとしても，〈被害者は非財産的損害について損害賠償を受けられるべきではない〉という結論は出てこないと考える。もしその損害をどこからも補償さ

れないとなったら，被害者は権利侵害から生ずる非財産的被害を一方的に押しつけられてしまう。その結果，社会全体は利益を得るかもしれないが（というのは，損害賠償のような単純な財の移転は社会全体の効用を増大させないかもしれず，また賠償の強制にはコストがかかるから），だからといって権利が侵害されたままで構わないということにはならない。ここで私は，シャベルのように社会全体の効用の最大化が法的ルールの至上の目的だとみなして矯正的正義の考慮を無視しようとはしない。被害者の損害を加害者に賠償させた結果，社会全体の効用がいくらか減少するとしても構わないと考える。被害者の効用と加害者の効用とを平等に尊重しなければならないとは考えないからだ。そこには責任の相違がある。後述第5節も参照（なお加害者が国に罰金を払えばその分だけ税金が減るというシャベルの想定には全然現実味が感じられないが，その点はあえて問わない）。

　しかしだからといって，シャベルが損害賠償と責任保険制度の真の目的だと考える，〈事故回避のためのインセンティヴ〉という要素が重要でないというわけではない。そしてシャベルはリスクの回避や負担という目的から検討すると，場合によっては過失責任よりも厳格責任の方が合理的なルールになると指摘するが，これは大きな功績だ。

　インセンティヴという目的だけでなく，シャベルが認めようとしない，損害の補償という矯正的正義の目的から考えても，過失責任ルールの妥当性には問題がある。なぜならこのルールをとることは，加害者に「過失」がない場合に被害者に損害の負担を負わせることになるので，それでは被害者の権利を十分に保護しているとは言えないからだ。もし被害者の権利が本当に法的保護に値するものならば，厳格責任ルールをとって，加害者に過失がない場合にも損害賠償責任を負わせるべきだ。もし加害者側の活動が社会全体（加害者と被害者を含む）に大きな利益をもたらすならば，その場合加害者は被害者の損害を賠償した後でもなお余りある利益を得られるはずだから，加害者に損害賠償責任を負わせても問題はないだろう。

　しばしば古典的自由主義の法的ルールは過失責任を原則とすると言われるが，それには理由がない。加害者にも被害者にも過失がない場合，どちらに損害の負担を負わせても公平さの問題が残るが，危険な活動（それは社会的に有益かもしれないが）の奨励よりも正当な消極的自由の保護を重視するならば，厳格責任を原則とする方が自然だ。リバタリアン法学者のリチャード・エプス

テインが昔から不法行為法におけるネグリジェンス原則に反対して厳格責任を支持してきた（Epstein 2003: pp.46-47）ことには十分な理由がある。

Ⅲ　法は個々人の幸福を増進・実現しているか，またすべきか
　——いずれについても多くの場合は否

　前の節では法が諸個人の権利を保護することを通じて，間接的ながらある程度その幸福を保護していることを見た。しかし法は一般に，第三者による法益侵害を防止する義務や他人の幸福を積極的に増進させる義務まで人々に課していない。人は「善きサマリア人」になるべき法的義務を負わないのだ。日本法はせいぜいのところ，事務管理を行った者に有益な費用の償還請求権などを与える程度にとどまっている（民法702条）。

　憲法13条はアメリカ独立宣言の影響の下，「幸福追求に対する国民の権利」を保障しているが，これは自由権であって，実際に幸福である権利や，自分を幸福にするように要求する権利とは違う。幸福追求権に対応する義務は，個々人の幸福追求を妨害しない義務であって，個々人を幸福にする義務ではない（井上，2003：285ページも参照）。

　哲学者のダニエル・ヘイブロンは「幸福である権利（a right to be happy）」という観念に対してはっきりと批判的だ。

　　誰かが『私は幸福である権利を持っている』といったことを言うとき，明らかにそれはわれわれがまじめに受け取らないであろうほど卑しい何らかの行動を合理化するためでありがちだ。……幸福を誰かに対して要求できるという発想は根本的に説得力がなく，そんなことを主張したまじめな思想家はほとんどいない。(Haybron 2013: p.94. ただし本稿の冒頭に紹介したように，ヘイブロンは "happiness" を "well-being" という価値と同義でなく，心理的状態を指すために用いている）

　人は一般的な「幸福である権利」を持たないが，それでも「生存権」という発想は，高いレベルの福利ではなくても，少なくとも最低限の福利への国家に対する請求権を意味している。だから何らかのミニマルな社会権・生存権としては，日本を含む多くの国々で「幸福である権利」も認められている。ではそのような最低限の幸福・福利の水準はどのように理解されるべきだろうか？

幸福やウェルビーイングに関する欲求実現説や快楽説は個々人にとって全体的な欲求実現度や満足度によってそれをはかることになるが，客観的リスト説はもっと個別的な複数の「ニーズ」「基本財」の実現としてそれを理解しようとするだろう。

　そのような財は経済学で「メリット財」と呼ばれる。『有斐閣経済辞典　第4版』(2002年)によれば，「メリット財」とは「各個人よりも政府の選択がすぐれているという考えのもとに，各個人の希望の有無にかかわらずに政府が消費を強制する財」で，その例としては義務教育があげられている。子供の中で現状の義務教育を楽しんでいるとか進んで受けたがっているとかいう者は多くなく，私も小学校の体育の授業など苦痛でしかなかったが，国が子供に義務教育を否応なしに受けるように強制しているのは，それが子供自身にとって不可欠の善であるという客観的リスト説的な発想によるものだろう。義務教育は強制を受ける人の意志を無視する典型的なパターナリズムだが，それが今日ほとんど問題視されないのは，義務教育を受ける子供はまだ十分に理性的でも自律的でもない存在だから，彼らへのパターナリズムは許されると一般に考えられているからに違いない。しかし成人へのパターナリズムには問題が大きく，それを容認することは難しい。

　最近キャス・サンスティーンなどによって有力に主張されている「リバタリアン・パターナリズム」は，そのような伝統的に解されてきたパターナリズムと違って強制を伴わないものだ。それによれば，公機関は各人がよりよく自己の利益を実現するように公的な制度を設計すべきである。その際個人から選択の自由を奪うような強制は避けるべきだが，オプト・アウトの自由を残す限り，人々にその利益を向上させるような影響を与えることはむしろ望ましいとされる。つまりリバタリアン・パターナリズムは個々人の幸福を積極的に増進させようとしているのだ。リバタリアン・パターナリズムの具体的な提案の中には，本人が加入したくなければ加入しない自由のある年金など，ある程度の説得力が認められるものもある。だがこの制度も，次節で検討する「国民幸福度指標最大化」への反論に答えなければならない。

〈論説〉　2　法は幸福を部分的にしか現実化しない，そしてそれには理由がある〔森村進〕

Ⅳ　法は社会全体の幸福を増進・実現しているか，またすべきか？

1　法の経済分析 —— 社会的厚生関数の最大化

　功利主義，および起源においてそれと密接な関係がある厚生経済学は社会全体の効用の最大化，とは限らないが最善化を目的としている。そして法の領域における厚生経済学の応用と言える「法の経済分析」もその例にもれないようだ。たとえばリチャード・ポズナーは初期の『正義の経済学』（ポズナー1991）において，「富の最大化」を基準としたが，これに対してシャベルは「富の最大化という目的は，厚生経済学が用いるものではない」（シャベル2010：770ページ）と厳しく批判して，諸個人の効用だけをベースとする厚生経済学の「厚生主義」から離れず，その中でも社会的厚生の基準として効用の「単純な総和simple aggregate」（同上：766ページ）を採用している。これは要するに古典的功利主義が目的とした「最大幸福」と同じものだ —— シャベルはそうはっきりとは言わないが。

　しかし制定法も判例法も慣習法も含めて，法は，また法の解釈は，社会全体の幸福の増進を目的としているだろうか，またすべきだろうか？　私はいずれの問いにも否定的に答えたい。なぜなら法は幸福や効用の観念だけでは説明できないような，諸個人の権利（単に慣習的権利や実定的な権利ではなく，道徳的な自然権）とか功績（desert）とか責任といった観念も取り込んでいるし，またそうするのが当然だからだ。しかしだからといって，法が（個々人の幸福はむろんのこと）社会全体の幸福を考慮する必要はないという結論にはならない。社会全体の幸福の増進は，多くの場合大部分の個人の幸福も増進させるだろうから，一般的には望ましいことだ。私が言いたいのは，社会全体の幸福の増進は法のめざすべき目標の一つだが，唯一の目標ではないし，最も重要な目標でもない，ということだ。

　以上の主張を敷衍するために，第2節で言及したシャベルの『法と経済学』における議論を検討してみよう。法は効用の総和の最大化という社会的厚生関数を採用すべきで，分配的公正の考慮は税や社会保障の制度に委ねるべきだという彼の議論（シャベル2010：第Ⅶ編，特に第28章）は「法と経済学」の学界の中でも極端なものだが，またそれだけに周到かつ明晰なものだから，ここでの

検討にふさわしい。「法は福利だけを考慮すべし」というシャベル流の法の経済分析の主張には問題点が多い。その問題点は次の通り。

　①　シャベルによれば，厚生経済学は社会的厚生関数を通じて効用を集計するが，個人の効用に関係しない要素を排除する。この「効用ベースの尺度」の社会的厚生の思想は「厚生主義 welfarism」と呼ばれる。効用とは主観的概念であって，「客観的」な善とか効用といった概念を容れないとされる。

　そして「分配上の公正の概念は，どういうものであれ，効用ベースの社会的厚生関数として表現でき，したがって厚生経済学の枠内で理解することができる」（同上：695ページ）。そうすると，（効用の）最大化原理や平等主義やマクシミン原理や優先性説や十分性説は諸個人の効用だけに基づいているから厚生経済学の範囲内なのだろうが，他方，矯正的正義や応報や（シャベルは言及さえしないが）自然権のように，個人の効用に依存しない評価方法は社会的厚生に関係しないことになる——ただしおそらく「最低限の効用への権利」ならば社会的厚生関数に入れられるだろうが。

　シャベルの主張を図式化するとこうなるだろう。

	規範的要素	考慮すべき公的領域
社会的厚生関数	効用の総和	「法」（私法と刑法）
	効用の分配上の公正	税制・社会保障制度
「道徳」	矯正的正義，応報， 約束を守るべき義務論的考慮，自然権など	なし

　これに対して，おそらくわれわれが親しんでいる伝統的な法解釈はシャベルの言う「道徳」の諸要素をすべての公的領域に持ち込む一方で，効用の総和には副次的な重要性しか認めないのだろう。なぜそのような解釈にシャベルは反対するのか？　厚生主義は厚生経済学の前提かもしれないが，誰もが規範的判断においてそれを採用すべきだということにはならない。なぜ法的ルールの評価に際して厚生経済学の発想が支配しなければならないのか？　なぜ効用の分配は重要だが権利や功績はそうでないのか？　少なくとも日常道徳は厚生主義ではなく，権利や責任といった考慮を取り入れている。シャベルは厚生主義の中に取り込めない考慮をすべて「道徳」と呼ぶが，〈厚生対道徳〉という対立図式の想定は恣意的だ。

　②　シャベルは〈社会的厚生を測る際に独立のウェイトが道徳観念に与えら

れるならば，そのような社会的厚生を増進させる結果として，すべての個人の効用が減少する場合がある〉（同上：第26章５．５．707-8ページ）と言い，この結論を「パレート抵触定理（Pareto conflict theorem）」と呼ぶ。ここで「すべての個人の効用が減少する」という変化，いやもっと広く，〈誰の効用も増大しないが，一人以上の効用が減少する〉という変化を「パレート改悪」と呼ぶことにしよう。

　パレート抵触定理は平等主義に対するパーフィットの「レベリング・ダウン反論」に類似の議論だ。パーフィットは，平等主義によると，パレート改悪した結果として平等化された状態の方が，少なくとも平等という点だけを取れば改善ということになってしまうとして平等主義を批判した。平等主義に対するこの反論には説得力があったから，多くの論者は分配的正義の原理として，パーフィットがレベリング・ダウン反論を免れる説としてあげた「優先説」，あるいはある閾値までの分配を求める（がそれ以上は要求しない）「十分性説」を採用するようになったのだが，シャベルの「パレート抵触定理」は福利主義を正当化できるほどの説得力を持っているだろうか？

　それは疑わしく思われる。効用以外の要素を考慮した結果パレート改悪になるという事態は，たとえば刑罰について積極的応報主義をとったり，約束遵守の義務を帰結と独立に重視したりすれば生ずるかもしれない。（そして義務論者は，そのようなパレート改悪も結論としてはあながち悪くないと言うかもしれない。）だがそこまで極端な義務論的立場を取らず，権利者や功績ある人の利益を権利侵害者や非難されるべき人の利益よりも優先・重視するだけなら，万人の効用が悪化するなどということにはならないだろう。後者の人々の効用は減少するだろうが，その一方で前者の人々の効用は増大するだろうからだ。被害者への補償は，その性質上必ず被害者の効用を向上させることになる。繰り返して指摘するが，ここでいう「権利」とか「功績」といった観念は厚生から独立した価値だから，厚生主義内部では説明できない。

　シャベルがパレート抵触定理の具体的な例証を与えている個所を見てみよう。彼によると，その定理は「効用の生ずる特定の原因を排除するような社会的効用の測定値を用いるときにもあてはまる。」そして次の事例はその「ありふれた例」だ。

　　　　どんな人も，誰かに悪ふざけ（practical jokes）をしたり，あるいは逆に

自分自身が悪ふざけの標的になったりするであろう。その場合，自分が悪ふざけをすること，または他の人が悪ふざけをすることによる効用は，悪ふざけの標的になることによる不効用を上回るかもしれない。それゆえ，悪ふざけを禁止されている世界よりもそれが許されている世界のほうを誰もが好むであろう。けれども，他者（悪ふざけの標的になった人）の不快感によりもたらされる効用が社会的厚生に含まれないとすると，悪ふざけは禁止され，全員の状態が悪化するかもしれない。（同上：624ページ注11）

　この例を損害賠償における矯正的正義や刑罰における責任原理に強引に適用すると，次のような議論ができるだろう。——どんな人でも，長い生涯の中には人に損害を加えたり，犯罪を行ったりすることがあるだろう。その場合，矯正的正義や責任原理を厳格に実現すると，全員の状態が悪化する可能性がある。というのは，たとえば損害賠償責任の強制のためには大きなコストがかかるという事情があるから，〈自分が損害を受けても賠償されない。その一方，自分が損害を加えても賠償しない〉という制度の方が誰にとっても有利かもしれないからだ。それに対して，総効用の最大化の政策を取る社会なら，全員の状態が悪化するなどということはありえない。たとえ一部の人の状態が悪化しても，必ず他の人々の状態がそれ以上に改善されるはずだ——。

　だがこれは全然説得的な議論ではない。〈あらゆる人にとって，自分あるいは他の人々が悪ふざけをすることから得る効用が，自分が悪ふざけの標的になることの不効用よりも大きい〉などということは決して「ありふれた例」ではない。むしろそれは想像しがたい教室事例だ。世の中には悪ふざけを無作法だとか悪趣味だとか残酷だとか感ずるような謹厳な人も少なくない。このような人たちは自分で悪ふざけをしないし，他の人々が行う悪ふざけを楽しむこともないだろうし，自分が悪ふざけの標的になることから大きな不効用を受けもするだろう。このような人々が現にいるから，仮に悪ふざけを禁止しても全員の状態が悪化するとは想像しがたい。（だからといって，私は悪ふざけを禁止すべきだと主張したいわけではない。そうすることは謹厳な人々を満足させるかもしれないが，もっと軽薄な人々に大きな不利益を与えるだろうし，悪ふざけ禁止のエンフォースメントのための費用も大きすぎるだろう。）同様にして，矯正的正義を実現する損害賠償法や責任原理を取り込んだ刑法のせいであらゆる人の状態が悪化するなどということもまた想像しがたい。損害賠償を支払ったり刑罰を受け

たりする機会が一生ない人もいるだろうからだ。
　だがこの反論に対して，シャベルは次のように答えるかもしれない。

> 　義務論的原理の下で起こりうる事態が仮想的状況で一致した選好と矛盾するのであれば，パレート原理を信奉する限り，義務論的原理は放棄しなければならない。決して起こらない仮想的な状況も議論に関係しうるのである。なぜなら，その考え方を放棄せざるをえなくなるような内在的性質を明らかにしてくれることがあるからである。そういうわけで，現実に当該状況がほとんど発生しないからといって，当該状況で起こりうることから含意を引き出せないわけではない。(同上：709ページ)

　だがかりに，〈あらゆる人にとって，自分や他人の悪ふざけから得る効用は自分が悪ふざけの標的となることの不効用よりも大きい〉などという（ありそうもない）状況が発生したら，その場合「悪ふざけ」はもはや義務論道徳の中でも悪いことだとは考えられず，罪のない冗談などと同様，むしろ人間関係の潤滑油として社会的に容認されるだろう。だからそれは義務論的原理への反論とならない。同様にして，もし文字通り誰もが他人に同じくらいの損害を与えたり犯罪を行ったりするような社会では，おのずとそれにふさわしく義務論的道徳の原理も変わってくるだろう──幸いわれわれはそのような社会に住んでいないが。
　③　シャベルの効用（utility）・厚生（well-being）の観念はかなり曖昧だ。彼によれば，「効用に影響を及ぼすものには，食物，住居，その他のあらゆる物質，そして快楽や苦痛だけでなく，審美的感覚の満足あるいは不満足，他者に対する利他的・同情的な感情，自分自身および他者が公正に扱われているか否かという感覚なども含まれる」そうだ（同上：第26章1．2．602ページ）。このような多様な構成要素を認める説は，文字通りに読めば福利に関する客観的リスト説に属する。だがそうすると各人の効用はどのように測定できるのだろうか？シャベルが効用の評価に際して実際に用いているデータは，主流の経済学と同様に各人の選好だ。この発想は欲求実現説のものである。また彼は自分の厚生の観念を「主観的」と呼んでもいる。だが客観的リスト説と主観的な欲求実現説は全く違う効用観念だ。
　もっとも経済学者は，両説は事実上ほとんど一致するから，哲学者がしているように両者の相違を騒ぎたてる必要はないと思っているのかもしれない。多

様な構成要素からなる効用の程度は外から観察しがたいが，現実の選好はそのしるしとしてかなりの程度信頼できるから，それに依拠することには理由があるというわけだ。なぜなら合理的な個人は自分の効用を最大化しようとして行動するだろうから，十分な情報をもっている限り，個人の選好は本人の効用を最大化するだろう。——こう考えられるかもしれない。

　しかし両者が異なる事態はたくさんある。たとえば「偽りの快楽」は快楽を含む客観的リスト説によれば立派に効用を構成するが，欲求実現説ではそうならないし，「本人に知られることのない，欲求の実現」は，シャベルのあげる上記のリストに含まれているようには思われない。

　④　社会的厚生関数の中にはたくさんのものが考えられる。分配的正義論の領域では目的論的平等主義，十分性説，優先説，後者の極端なヴァージョンとも理解できるレクシミン原理などが提唱されており，これらはいずれも厚生主義と結びつけて社会的厚生関数とすることが可能だ。その中でシャベルが「効用の最大化」を取る（同上：第29章2冒頭）積極的な理由は，議論の単純化・明確化という教育・説明上の効果以外にはなさそうに思われる。だがもしそうだとしたら，彼は規範的評価にあたってもっと慎重になるべきだろう。簡単にこれこれしかじかの制度が「社会的に望ましい」などと断定すべきでない。

　⑤　それともシャベルは効用の最大化という目的が説明の単純化のために便利だと考えているだけでなく，規範的にも望ましいと信じているのだろうか？　そう思われる節もある。シャベルは自説をポズナーの「富の最大化」と差別化して自説を擁護しようと試みるが（同上：770-772ページ），そのとき，「富の最大化はきちんと定義できない」と言うだけでなく，その説に対する倫理的な批判に同調していることもあるからだ。

　だがそこでのシャベルの議論は十分成功していない。シャベルは効用に基づく自分の方法こそ厚生経済学の本流で，ポズナーの発想は偽物の厚生経済学だと言いたいようだが，貨幣によって測定可能な「富」と違って，効用というものが個人内でも序数的にはともかく基数的に観察困難であり，個人間比較はなおのことも難しいという周知の問題に言及さえしない。

　シャベルは挙げていないが，デイヴィド・フリードマンの功利主義的な経済的価値擁護論（フリードマン2003：第42-43章。私はフリードマンの言う「経済的価値」は「富」と同じ意味だと理解する）はポズナーよりも率直明快だ。彼は言う。

〈論説〉 2 法は幸福を部分的にしか現実化しない，そしてそれには理由がある〔森村進〕

　すべてではないが多くの状況において，ある変化が経済的改善だ──総価値を増加させる──という事実は，総効用もまた増加させているということの強力な証拠となる。経済的価値における変化は，効用における変化よりも一層測定しやすいという理由から，われわれは前者を後者の代用として利用できるだろう。(同上：240ページ)

　そしてフリードマンは個人間でも金銭の限界効用が逓減するだろうとは認めるが，だからといって，多くの功利主義者のように所得の再分配には賛成しない。その理由は，「一つ目は，貧しいものは概して社会的弱者であるため，政府による所得移転の犠牲者になる可能性が，少なくとも受益者になるのと同じくらいある」というものであり，「二つ目は，自分たちが犠牲者ではなく受益者になろうとする集団間の競争は不経済になるだろう」というものだ。結論として，「再分配を許容しない社会よりも許容する社会における方が，富裕な者であれ貧しい者であれ，われわれすべての暮らし向きが悪くなる」(同上：241ページ)ということになる。フリードマンの以上の議論を図式化すれば，〈富の最大化≒最大幸福≒全員の効用の向上〉ということになるだろう。
　「富の最大化」を提唱していた初期のポズナーもこの議論に賛成できたろう。なぜなら彼はその政策の実施が個々の事例では損をする人も生み出すにせよ，全体的にはすべての人々の状態を改善するだろうから人々の合意を得るだろう，と考えていたからだ。
　それに対して，シャベルは富の公正な分配は立法に委ねるべきだから，司法（彼の言う「法」）は効用の最大化だけをめざせばよいと考えているわけだ。

　ここまで5つの理由からシャベルの規範的立場を批判してきたわけだが，だからといって彼による詳細な法の経済分析自体の価値が失われることはない。私はまた，〈分配的な公正の問題は法でなくて税制や社会保障制度によって解決すべし〉というシャベルの主張(シャベル2010：第28章)にも結論としては賛成できる(常木2015：第17章)。(彼の言う「法」は私法と刑法で，税法や社会法は含まれないのだろうが，前者はもっぱら裁判所によって適用され，後者は行政によって適用されるという相違がある。)ただしその理由は，所得課税制度が所得の再分配を最適に達成できるからではなくて，裁判所に登場する訴訟当事者だけに分配のための負担を負わせるのは不公正だと考えるからだ。ちなみにこの

「（不）公正」という観念はシャベルが取らないものである。

私がシャベルに対して反対するのは，法解釈や司法過程において，福利主義的な社会的厚生関数，特に効用の最大化だけをめざすことだ。政策的考慮によって与えられたのではない基本的権利（その中には多くの私的財産権が含まれる）の保護や功績の考慮は，立法ではなく司法の領域に属する。効率性と分配的公正だけが価値ではない。権利とか功績といった価値もある。

2　幸福度研究 ── 国民総幸福

次に法の経済分析から離れて，前世紀末あたりから活発に研究がおこなわれている幸福の経済学に目を移そう。この種の研究では自己申告による生活満足度（Life Satisfaction）に基づいて幸福度を測定するのだが，その研究者の中には公共政策一般の目的として「国民幸福度指標（National Happiness Indicator）」を提唱する人もいる。またブータン王国では「国民総幸福（Gross National Happiness）」を国政の指針としているが，この政策を肯定的に評価する人も多い。

だが幸福度研究の先駆者であるスイスの政治経済学者ブルーノ・フレイは国民総幸福最大化の思想には批判的だ。彼はその著書『幸福度をはかる経済学』の中の「政府は国の幸福度指標を最大化すべきか」という節（フレイ2012：第13章4）でこの問題を論じている。フレイはその節の前半で国民幸福度指標の利点をあげた後，後半でそれに対する反論をあげる。彼の最終的な結論は次の通りだ。

> 幸福度で計測された社会的厚生関数の最大化アプローチは，以下に示す理由から疑わしい点がある……。
> ①　基数性と個人間の比較可能性の問題は完全には克服されていない。
> ②　政府は，国民をできる限り幸福にしたいと思う，純粋に「慈悲深い」政治家だけで成り立っているわけではない。政治家個人の利害関係も重要とされている。
> ③　民主的な統治に必須の要素が無視されている。統治とは単に国民の幸福度を記録することにあるのではない。
> ④　政府には，幸福度指標を操作し政策目標に適した指標を作成するというインセンティブがある。一方の個人には，自分たちの幸福度の水準を戦略的に不正確に述べることで政策に影響を与えようというインセン

〈論説〉 2 法は幸福を部分的にしか現実化しない，そしてそれには理由がある〔森村進〕

ティブがある。

　……集計された社会厚生を直接に最大化することは，適切なアプローチとはいえない。幸福度研究が示す洞察は，むしろ政治プロセスへのインプットとしてもっと役に立てるべきだ。そこでは多様な見解と結果が重要な役割を果たす。住民は，自分の生活にとってどの洞察を検討したいかを自分たちで選択することが可能である。そうすることで政府のパターナリズムの危険が避けられ，諸個人は自分たちの福利の上昇のために取るべき方法を自分で決定するチャンスが生まれる。

　　（同上：199-200ページ。強調は原文のまま。少し訳文を変えた。なお①から④までの数字は引用者が付したもの）

　フレイが幸福度指標に反対してあげる四つの理由はいずれも無視できないものである。そのうち理論家にとっては①が重要であり，現実の政治では特に②と④が重要だろうが，本論がここまで問題にしてきたのは③だ。統治が目指すべきものは，個々人がそれぞれの目的を追求するのを調整することだ。しかし人々は自分の幸福だけを求めているわけではない。それは個人の目的の一つにすぎない（同上：13, 194ページもその可能性を認めている）。また百歩譲って誰もが自分の幸福だけを求めていると仮定しても，人は自分の幸福に限っても，幸福度研究が想定しているように幸福を主観的な生活への満足と同一視しているとも限らない。政府は各人にそれぞれの目的の追求を委ねる方がよい。政府が個々人の幸福を積極的に促進しようとするのは出しゃばりというものだ。実際，幸福度研究から奨励される政策の中には，結婚保護のような家族の価値観の支持，物質主義的で自分の生活に不満を持たせがちであるテレビ視聴の制限，社会的関係の流動性と対立する「信頼と忠誠」の尊重といった，かなり露骨に道徳主義的なものがある（同上：第8-9章と187-8ページ）。

　それに加えて，〈自己申告による生活満足度〉という指標は，人がしばしば自分の状況の変化（改善であれ改悪であれ）に短期間で適応するため現状に安易に満足したりむやみに野心を持ったりすることが多いという事態について，評価的判断を下すこともない（同上：195-6ページを参照）。しかし抑圧に適応した人々の満足感や，恵まれた自分の特権を疑わない人々の不満は，公的決定において重視されるべきだろうか？　定義上幸福はその本人にとって善いもの——唯一の，あるいは究極の善ではないかもしれないが，少なくとも一つの善

――だが，その中には社会的に促進されるべきものもそうでないものもあるのだから，その理由からしても幸福の「最大化」は社会道徳の目的としてふさわしくない。この点については次の節でも述べよう。

V　個々人の幸福は社会にとってどれほど重要なのか

『われわれは相互に何を負っているか』（Scanlon 1998）のスキャンロンによれば，価値の統一性とその目的論的構造を擁護する論者は，ウェルビーイングこそその「マスター・ヴァリュー」だと言うことがあるが，この主張は典型的には次の三つの主張を意味することになるという。それは――

> 第一に，それ［ウェルビーイング］は単一の理性的個人の決定のための重要な基礎として役立つ――少なくとも，その個人だけにかかわる決定のためには。第二に，それは友人や親のような，関心を持つ善行者（a concerned benefactor）が促進すべき理由を持つものである。第三に，それは個人の利益が道徳的議論において考慮に入れられる際の基礎である。（同上：p.108）

シャベルや功利主義者のような福利主義者は第三の主張を採用しているわけだが，おそらくその際に第一の主張も取っているのだろう――第二の主張まではわからないが。

第一の領域を一人称的決定，第二の領域を私的決定，第三の領域を社会的決定と呼ぶことにしよう。なおスキャンロンは第二の領域での観点を「三人称的視点」，第三の観点を「道徳的視点」と呼んでいるが，「三人称的視点」という表現は第三の観点にも使えそうだから，ややミスリーディングだろう。また社会的決定においては道徳以外の実践的考慮もありうるので，本稿では社会的決定と呼ぶことにする。第二の私的決定も日常生活において大変重要だが，ここでは一人称的決定と社会的決定だけを考慮する。

スキャンロンが指摘するように，幸福の重要性は一人称的な視点からと社会的な視点からでは異なる。賢慮（prudence）は前者の観点から見た合理性のことだが，この観点からすらも自分の幸福だけが唯一の価値とは限らない。たとえば自分の幸福をいくらか犠牲にしても，家族や友人の幸福を実現させることや自分が奉ずる道徳の義務を果たすことは，一人称的観点からも合理的であり

うる（同上：ch.3, sec.4）。

　ましてや法や社会政策がとる観点は，それぞれ異なった人々の一人称的な観点を公正に考慮に入れねばならない。一人称的観点からは権利や責任といった観念ははいってこないが，後者にははいってくる。そしてこれらの観念は福利から独立している。またあらゆる種類の福利が社会的に尊重されるべきでもないだろう。たとえば個人的憎悪の実現から生ずる福利は，他の人々に対して尊重するように要求できるものではない。現代の分配的正義論においても，分配されるべきものとして，ロールズなら「一次財」，センなら「ケイパビリティ」の集合を提唱している。これらの財は，それを利用することによって各人が福利を得る手段だが，それ自体は福利ではない（ただし福利の「客観的リスト説」によれば福利そのものだとみなされるかもしれないが，私は通常の「客観的リスト説」は個人の相違を無視していると思うので取らない）。平等主義陣営の内部でも最終的な「福利の平等」を提唱する論者はほとんどいない。

　さらに，各個人の福利は本人がいかなる目的を持っているかによって大きく異なる。福利の内容のこの不確定性を考えれば，福利を通貨とする分配の原理・政策を考えることは難しい。スキャンロンは，個人の福利がその人の採用する目的に依存しているという事実の帰結として，「福利それ自体の内容は，当該の個人の責任だとみなすことのできる決定に依存するから，福利が十分に定義されて，何がそれを促進するかだけを考える段階まで，責任の問題を後回しすることはできない」（同上：p.140）ということもあげている。責任の観念は福利から独立に判断されるべきなのである（以上二つの段落について，同上：ch.3 sec.6が一般的に参考になった）。

　これらの理由から，福利は「マスター・ヴァリュー」ではありえない。福利は確かに道徳理論において重要な役割を果たすし，そのことは特に一人称的な観点からは然りだが，福利に基礎を置かない価値もある。そして法的ルールや原理の多くが純然たる厚生経済学ではなく社会道徳的な考慮から評価されるべきだとしたら，その内容を福利主義によって評価することができない。

　結局，法の領域ではあらゆる福利＝利益が法的に尊重されるわけではなく，権利によって裏付けられた福利やそれに準ずる法的な福利だけが保護されるのだが，そのことにはもっともな理由があった。

参考文献

井上達夫 (2003)「法は人間を幸福にできるか？」『法という企て』東京大学出版会

青井秀夫 (2007)『法理学概説』有斐閣。

シャベル，スティーヴン (2010)『法と経済学』(田中亘・飯田高＝訳) 日本経済新聞出版社 (原書 Steven Shavell, *Foundations of Economic Analysis of Law*, 2004, Harvard University Press.)。

常木淳 (2015)『法律家をめざす人のための経済学』岩波書店。

ハート，H. L. A (1987)「法的権利」『権利・功利・自由』(小林公・森村進＝訳) 木鐸社 (原書 H. L. A. Hart, *Essays on Bentham*, 1982, Oxford University Press, ch. VII)。

パーフィット (1998)『理由と人格』(森村進訳) 勁草書房 (原書 Derek Parfit, *Reasons and Persons*, 1984, Oxford University Press)。

フリードマン，デイヴィド (2003)『自由のためのメカニズム』(森村進他訳) 勁草書房 (原書 David Friedman, *The Machinery of Freedom*, 1989, Open Court Publishing Company)。

フレイ，ブルーノ．S (2012)『幸福度をはかる経済学』(白石小百合訳) NTT出版 (原書 Bruno S. Frey, *Happiness: A Revolution in Economics*, 2008, MIT Press.)。

ポズナー，リチャード (1991)『正義の経済学』(馬場孝一・国武輝久監訳) 木鐸社 (原書 R. A. Posner, *The Economics of Justice*, 1983, Harvard University Press)。

森村進 (1989)『権利と人格』創文社。

Calabresi, Guido and Douglass Melamed, 1972, "Property Rules, Liability Rules, and Inalienability: One View of the Cathedral," 83 *Harvard Law Review* 1089.

De Lazari-Radek, Katarzyna and Peter Singer, 2017, *Utilitarianism*, Oxford University Press.

Epstein, Richard A., 2003, *Skepticism and Freedom: A Case for Classical Liberalism*, The University of Chicago Press.

Fletcher, Guy 2016, "The Philosophy of Well-Being: An Introduction", Routledge.

Haybron, Daniel M., 2013, *Happiness*, Oxford University Press.

Sarch, Alex, 2016, "Well-being and the law", in Guy Fletcher (ed.), *The Routledge Handbook of Well-Being*, Routledge.

Scanlon, Thomas, 1998, *What We Owe to Each Other*, Harvard University Press.

Weinrib, Ernest J., 2012 [1995], *The Idea of Private Law*, Oxford University Press.

3

人権の哲学の対立において自然本性的構想を擁護する：
チャールズ・ベイツによる批判への応答

木山幸輔

Ⅰ　序　　論
Ⅱ　自然本性的構想
Ⅲ　実践独立性へのベイツの批判と応答
Ⅳ　前制度性へのベイツの批判と応答
Ⅴ　全時空性へのベイツの批判と応答
Ⅵ　人間性依拠性へのベイツの批判と応答
Ⅶ　結　　論

〔要　旨〕

　本稿の目的は，近年英語圏において進展の進む人権の哲学の対立において，政治的構想から自然本性的構想へ向けられた批判に後者が応答しうることを示すことにある。本稿は，自然本性的構想への最も包括的な批判を行なっているＣ・ベイツによる自然本性的構想の伴う４つの主張の定式化，及びそれらへの批判を確認し，批判のそれぞれへ応答を示す。それらの応答の結論的主張は以下のようなものである。ベイツによる４主張の定式化を受け入れる種類の自然本性的構想であっても，当該の４主張への彼による批判に対して適切に応答しうる。例えば，本稿はそのような応答を可能にする概念的区別として，通時的な抽象的権利と社会的状況に依存する形でそれが表現される具体的権利の区別を導入し，彼の批判に応答しうることを示す。論末において，本稿の検討が人権の哲学の対立においてもつ意味が確認される。

〔キーワード〕　人権，人権の哲学，チャールズ・ベイツ，自然本性的構想，政治的構想，抽象的権利，具体的権利，一般的権利，特別的権利，自然権

I 序論 ── 人権の哲学における対立，ベイツの政治的（実践的）構想，本稿の射程

1 人権の哲学における対立：政治的構想の展開を中心に

　本稿は，現在の人権の哲学の論争において，C・ベイツにより自然本性的構想に向けられた批判に対し，同構想が適切に応答しうることを示すものである。この企図の意義を説明するため，現在生起している自然本性的構想と政治的構想の対立，及びそこにおけるベイツの位置を説明することから始めよう。

　自然本性的人権構想と政治的人権構想の対立は，以下のような対立として理解できる。一方の自然本性的構想は，全ての人間が，単にその人間性によって保持する権利として人権を捉える。他方の政治的構想は，人権が単に人間性によって保持されるという想定を否定しつつ，人権は，実践においてそれが果たす政治的役割から理解され，構想されねばならないとする（Woods 2014: ch. 4; Nickel 2014: sec. 2）[1]。思想史的に述べれば，一方の自然本性的構想は，人権を人間性によって保持されると捉え，そして道徳的推論によって人権を把握できるとする点で（人権を神学的要素が排除された形で描写しつつも）自然権論と同型性をもつ（Griffin 2010: 339-40; Tasioulas 2012: 348-9）。他方で政治的構想は，人権はあくまでも現行世界における実践を参照することでのみ理解可能なものであるとし，人権の自然権との同型性を否定する。こうした対立は，必ずしも今日の「人権の哲学」の論争状況においてのみ存在していたのではない。例え

---

[1]　前者の構想に関し，私自身は，人権の哲学における論点を超え，不必要な場合でさえ自然法論や論争的なメタ倫理学的立場の印象を与える自然本性的（naturalistic）構想の語よりも，P・ギラバートの提案する人間性的（humanist）構想（Gilabert 2011: 462, n.14; cf. Gilabert 2013）の語が望ましいと考える。しかし，本稿の検討の導きとなるベイツが用いていること，また人権の哲学の論争において最も頻繁に用いられていることから，自然本性的構想の語を本稿では用いておく。また，同構想は，しばしば伝統的（traditional）（Cohen 2008）・正統的（orthodox）（Tasioulas 2012）・自然法的（Valentini 2012a）・権利保持者的（Waldron 2013）アプローチないし構想とも呼称され，政治的構想は，実践的アプローチないし構想（Raz 2010; Raz 2010→2015）とも呼称されてきた。本稿が取り上げるより他のこの対立の論点の諸相については，Cruft, Liao & Renzo (eds.) 2015; Maliks & Schaffer (eds.) 2017; Etinson (ed.) 2018を参照せよ。

〈論説〉 3 人権の哲学の対立において自然本性的構想を擁護する〔木山幸輔〕

ばかつて世界人権宣言の起草プロセスの一環としてユネスコ人権委員会に参加したJ・マリタンは，こうした対立の原型とも見なされうる対立を観察していた(2)。しかし今日，人権の哲学の隆盛と，その中での自然本性的構想と政治的構想の対立が見られるのはなぜだろうか。以下，特に近年の政治的構想の議論が展開した文脈を中心に説明しておきたい。

第1に，人権の哲学的探求を要請する社会的文脈が現れてきた。つまり，国際的舞台で人権の言語に置かれる比重が増してきた中で，哲学的回答が待たれる課題が山積してきた。例えば，人権の普遍性を標榜する米国のような国家が人権状況を悪化させるような状況においてそうした状況に応答しうる頑強な人権の構想の必要性の認識や(3)，ルワンダでのジェノサイドのような国際的経験ののちの干渉（intervention）の正当化へ向けた理論的基礎としての人権への注目（e.g. Ignatieff 2001＝2006; cf. 松元2013: 177-8）は，国際的舞台において人権の言語に置かれた重みを示すだろう。そして，国際的舞台で役割を果たす人権を構想する上では，人権の哲学史において主流であったとしても自然本性的構想は適切ではない，とする議論が噴出してきた（Schaffer & Maliks 2017: 3）。曰く，自然本性的構想は，「人権言説が現代の国際的な政治および法において演じている役割を無視し哲学的企てを無意味（irrelevant）にしてしまう」(Cohen 2008: 582)。あるいは悪くすれば，人間性に関する特定の教説・世界観に依拠し，それを普遍化することで，今日の人権概念の形成に至る前史において「人間の権利」が帝国主義とセットになっていたように(4)，特定の世界観に依拠して人権を普遍化してしまう帝国主義に至ってしまう（Cohen 2008: 581-2; 木山 2014: 204-5）。こうした疑念が，人権の哲学の隆盛と，自然本性的構想に代わ

---

(2) マリタンは，人権の基礎をどのように置くべきか，という問いに答えようとする哲学的教説には二つの対立する陣営がある，と述べていた。すなわち，人間の本質が基本的に不可譲の権利を人間に授けるとする自然法的な学派と，そのような想定を斥け，権利は社会の歴史的発展に依存し，変化するものであるとする学派である（Maritain 1949a: 13-4＝1951: 15-16）。

(3) 例えば，小林・樋口1999: 49-50は米国が人権外交を標榜していた時期でさえ，人権レコードに大きな問題のあったピノチェト政権を支持していた二重基準を，Chomsky 1999は米国がウィーン世界人権会議において人権の普遍性を承認しない国へ批判を加える一方で，米国の武器・軍事物資輸出，アパルトヘイト下南アフリカへの信用供与，キューバへの禁輸政策が，破滅的な人権違背状況をもたらした二重基準を指摘する。

(4) Hunt 2007: ch.5＝2011: 5章は，例えばナポレオンによる軍事的征服において「人間の権利（rights of man）」と帝国主義が絡み合っていたことを指摘する。

る政治的構想の提示を促進したと考えられる。

　第2に，こうした社会的背景の中，現代政治哲学・規範倫理学・法哲学の最重要理論家と述べて良いだろうJ・ロールズが，自然本性的構想を拒絶し，政治的構想を展開したという理論史的理由もまた，人権の哲学と政治的構想の豊穣化に至った理由として考えられる。ロールズは，1990年代から展開した「諸人民の法」の構想において，人権を国内的に保障されるべき立憲的権利のような諸権利から明確に区別しつつ，国際的舞台への適用がなされる「緊要の権利という特別の種類」に属するものとして描いた（Rawls 1999: 78-79＝2006: 113-115; cf. Rawls 1993＝1998）。そして彼は批判の矛先を現行実践における人権文書や自然本性的構想に向ける。彼はまず，現行実践の文書に述べられる権利の多くは「リベラルな羨望」を現すもの，特定の種類の制度を前提とするものであって，「真性の人権（human rights proper）」ではないという（Rawls 1999: 80, n. 23）。また自然本性的構想についても，人間性への依拠が人間本性に関する哲学的教説への依拠を意味するもの，従って，非西洋の政治的伝統に「偏見的（prejudicial）」となるものとしつつ拒絶した（Rawls 1999: 68＝2006: 98）。その後，多くの自然本性的構想の論者がロールズを批判しつつ自説を展開し（e.g. Griffin 2008: 22-7, 142-5），政治的構想の側においても，国際的舞台において機能を果たすものというロールズの人権観を精緻化する形で，影響力ある構想が示されてきた（e.g. Raz 2010; Raz 2010→2015; cf. 木山 2017: 203）。

2　ベイツの政治的（実践的）構想

　本稿の主たる検討対象となるC・ベイツ[5]の人権構想も，こうした社会的・理論史的文脈の中で政治的構想の陣営に登場してきたものである。ここでは本稿における検討の予備作業として，彼の政治的構想 —— 彼の表現では実践的（practical）構想 —— の概略を紹介したのち，その特徴を，特に彼が自身の議論における重要な参照点としているロールズの議論との関係を中心に簡単に確認しよう。

　ベイツは，人権を国際的舞台において役割を果たすものと捉える点でロールズに従う。そしてベイツの政治的構想は，2レヴェル・モデルと彼が呼ぶモデ

（5）　なお，Beitzの発音は，筆者がシンポジウムなどで発語されるのを聞く限り日本の五十音ではベイツよりもバイツに近いが，論者の混同を避けるためBeitz 1979＝1989の邦訳出版以来最も多く用いられるベイツの表記で統一する。

〈論説〉 3 人権の哲学の対立において自然本性的構想を擁護する〔木山幸輔〕

ルに沿って提示される。これは，人権の保護・尊重の第一義的責任を諸国家に置き，その責任が果たされない場合に国際的コミュニティ及びそれに属する外部主体が国際的な行為をなす理由を有するとするモデルである（Beitz 2009: 108ff; Beitz 2013a: 29-30）。

　ベイツはこうしたモデルから人権の内容を提示するのだが，そこでの正当化の特徴は，外部主体の置かれた現行世界の状況によって人権の内容が決されるとすることにある。彼は，ある保護（protection）への権利へは以下のような3つの要素からなるスキーマ（枠組み）を満たしたときにのみ，人権として正当化されるという（Beitz 2009: 136-41; Beitz 2013a: 33-4）。第1に，「当該の権利によって保護される利益が，保護される者の視点から見て十分重要であること」（Beitz 2009: 137）。第2に，「第一義的責任を負う国家が自身に可能な法的あるいは政策的手段を用いて当該の利益を保護することが適当（advantageous）であること」（Beitz 2009: 137）。第3に，「保護を国家が提供するのに失敗する諸ケースの中心的場合において，その失敗が国際的関心の適切な対象となること」（Beitz 2009: 137）。そして，特に第3の要素に関し，ベイツは，外部主体が置かれる現行世界の状況に関する4条件が，当該の保護への権利が「国際的関心の適切な対象」となるかを決するという。すなわち，第1に，その権利の当該国での保護の失敗が，外部主体の諸行為によって矯正されうるという実現可能性条件，第2に，外部主体の諸行為が一般的な政治道徳の基準を充たしつつ成功見込みをもつという許容可能性条件，第3に，それらの諸行為を行うことのできる地位にある外部主体が存在するという条件，第4に，それらの諸行為を取ることの負担を負う理由を持つ外部主体が存在するという条件である（Beitz 2009: 140; Beitz 2013a: 34）。こうしてベイツは人権となるべき内容（リスト）を，国際的行為を行う外部主体が置かれる状況に依拠させることを提案する。

　次に，本稿の今後の検討とも関わるベイツの議論についての注意点として，特にロールズの議論との差異を中心に確認しておこう。

　第1に，ベイツが2レヴェル・モデルを提示する際には，現行人権実践における人権リストに含まれる人権内容を前提とし，そうした人権リストが果たす機能として，ロールズよりも広い機能を観察している。つまり，ベイツは，実践において人権が果たしている機能から理論を出発させねばならないとする点でロールズに従いつつも，ロールズのように人権の内容を現行人権実践を構成する文書における人権の内容から縮減して捉えず，現行実践にみられる内容の

人権が果たしている機能を観察しようとする (Beitz 2004: 203-4; Beitz 2009: 102)。そして観察される機能もロールズより広い。すなわち，人権の言語を干渉や経済制裁といった国家（人民）による強制的手段と主に結びつけたロールズに対し，ベイツは外部主体による非強制的な政治的・経済的手段——例えばNGOのような外部主体による当該国家内における規範的信念変更の努力——をも人権実践として把握する (Beitz 2004: 202-3; Beitz 2009: 102; Beitz 2013a: 31)。

　第2に，ベイツは，ロールズの政治的構想を，人権を合意（重合的合意）の概念によって解明（explicate）する理論には区分していない点に注意が必要である (Beitz 2009: 64 n. 35)。これには例えば以下のような理由がある。第1は，ロールズの重合的合意の概念とベイツが理解するところの人権についての重合的合意論のズレである。ベイツの理解するところ，（現代の議論においては例えばC・テイラーによって支持される）人権についての重合的合意論は，現存する・・・・すべての包括的教説あるいは文化・社会からの重合的合意により支持されるものとして人権を見るものである。しかしベイツのみるところロールズが展開した重合的合意はあくまでも適理的な包括的教説からの支持のみを得るものである (Beitz 2009: 76)。第2は，ロールズの人権の正当化を，包括的教説や文化間・社会間の合意として理解した場合のロールズの解釈における望ましくない帰結，つまり彼の議論を以下のような循環に陥らせてしまうことである (Beitz 2009: 98)。確かにロールズは『諸人民の法』において，「リベラルな諸人民」と「良識ある階層制の諸人民」という2つのカテゴリーに含まれる諸人民の間での合意の対象として人権を描いている。しかし，双方の諸人民がそのカテゴリーに入れられるための条件として，ロールズは人権の尊重を示している。だとすると，人権が2つのカテゴリーに含められる社会間（ないしその文化間）の合意によって正当化されると理解するなら，「人権によって定義される存在の間での合意によって人権を正当化する」，という形で議論が循環してしまう。こうして，ロールズにおいて（重合的）合意の観念は，人権に関して「直接的な正当化」の役割は果たしてはいないものとして捉えられるべきことになる (Beitz 2009: 76-7)。つまり，ベイツの見るところ，ロールズにおいて人権は合意によって正当化されているのではなく，人権は合意がなされる場所に位置付けられるとされるのみなのだ[(6)]。そしてベイツ自身，人権は（重合的）合意によって正当化されるのではなく，先述の2レヴェル・モデルにおけるスキーマ

〈論説〉3 人権の哲学の対立において自然本性的構想を擁護する〔木山幸輔〕

によって正当化されるべきものとみなす。

3 本稿の目的と射程

以上，人権の哲学の対立，特に政治的構想が影響力を増してきた背景とベイツの政治的構想の概略を説明してきた。そこで，こうした人権の哲学の対立および，ベイツのような政治的構想の影響力の増大を念頭において，本稿の目的を説明したい。本稿の目的はベイツによる自然本性的構想への批判を検討し，自然本性的構想が，自身に向けられた批判に応答しうることを示すことにある。本稿がなかんずくベイツの批判に焦点を当てるのは以下の理由による。ベイツの展開する人権構想は近年において「最も包括的で詳細」（Schaffer 2017: 34）かつ「おそらくは最も強力な政治的構想の擁護論」（Gilabert 2011: 442）と目されている。そしてその反面として，政治的構想の優位を示すことに向けた自然本性的構想に対する最も体系的かつ詳細な批判を向けているからである。

この目的を達するため，本稿の行論は以下の道を辿る。まず，ベイツの自然本性的構想の定式とそれへの彼の概論的立場を確認し，自然本性的構想に対する批判の各論点を析出する（II節）。そして，それらの批判に対する自然本性的構想からのありうる応答の道筋を提示していく。これは，実践独立性（III節），前制度性（IV節），全時空性（V節），人間性依拠性（VI節）という自然本性的構想の4主張への批判の，それぞれに応答していくという形をとる。その吟味の結論として，自然本性的構想は，政治的構想による批判に適切に応答しうることが確認されることになる（VII節）[7]。なお混乱を避けるために述べておけば，本稿では，ベイツの展開する人権についての政治的構想それ自体の問題を剔抉するのではなく[8]，政治的構想からの自然本性的構想への批判とそれへの応答に考察の射程を限定する。

---

(6) もちろんベイツによる人権についての重合的合意論者（例えばテイラー）の理解の適切性，及びロールズにおける重合的合意と人権の関係の理解の適切性は問われうる。特に後者に関し，ロールズにおける人権と重合的合意の関係の説明の有益な試みとしてReidy 2012: 34-6を参照。またより広くロールズにおける人権の正当化の理路の複数の可能性を指摘しつつ比較検討し，特に社会的協働の必要条件としての正当化の理路が優位に立つとする考察としてMüller 2017; 木山2018を参照。

II　自然本性的構想：ベイツによる定式化と拒絶

1　自然本性的構想の定式

　まず，ベイツ自身の定式による自然本性的構想と政治的構想の対立を確認しよう。ベイツは，自然本性的構想——彼はしばしば自然権的モデルとも呼ぶ——を以下のように人権を捉える構想だと定式化している。

　　人権は，全ての人間に（全ての時間と全ての場所において），単にその人間性（humanity）ゆえに保持される諸権利である（Beitz 2009: 49）

　ベイツは，この自然本性的構想は，以下のような4つの主張を伴うとする[9]。以下，それぞれの主張に名前を与えながら[10]，それらを確認していこう。

実践独立性：人権は，「その力が社会の道徳的慣習や実定法には依存しない要請である」（Beitz 2009: 52）。
前制度性：人権は，「論理的な意味で前制度的である」（Beitz 2009: 52-3）。
全時空性：人権は，「全ての時間と全ての場所において」保持される（Beitz 2009: 53）。
人間性依拠性：人権は，「単に人間性ゆえに」保持される（Beitz 2009: 53）。

（7）　ベイツの自然本性的構想への批判の検討の一部は，すでに英語圏では Gilabert 2011; Liao & Etinson 2012が行なっている。本稿もそれらの先行研究から多くを学んでいる——その理論的貢献は本稿の検討でも参照される——が，本稿がそれらとの比較において持つ意義は，少なくとも以下の2点にある。第1にベイツの批判への応答の包括性である。Liao & Etinson 2012はベイツからの批判について後述の全時空性に対するものしか明示的に検討しておらず，ベイツの批判への包括的な応答とは言えない。第2に，ベイツの批判への忠実性である。Gilabert 2011: 462, n.14は自身の議論がベイツの自然本性的構想の4主張への批判を棄却することになるとしつつも，彼の検討対象はベイツによる定式とは異なる定式を採用しており（Gilabert 2011: 440-1），ベイツによる批判の多くの論点が抜け落ちることとなっている。
（8）　そのような作業として例えば Etinson 2010; Barry & Southwood 2011; Valentini 2012a; 木山2014におけるベイツへの批判を参照。
（9）　ベイツ自身の表現では，人権についての自然本性的構想がもつ「自然権の概念的空間（conceptual space）の4特性」である（Beitz 2009: 52-3）。
（10）　ベイツ自身は当該の4主張に名称を与えておらず，これらは本稿の命名であることに留意せよ。

〈論説〉　3　人権の哲学の対立において自然本性的構想を擁護する〔木山幸輔〕

　こうしたベイツによる理解は，典型的な自然本性的構想も自身に対する理解として首肯しうるものである。例えば，近年の対立の概観的整理を行う Cruft, et al. 2015: 4 は，自然本性的構想を，以下のように捉えている。すなわち，人権はその人間性故に人間に保持される，と主張するものである，と。そしてこれは典型的には以下のような人権の認識をも伴うものとされる。すなわち，単に人間であることにより，全ての時空において，法や社会慣習に先行する道徳的権利として人権をもつ，という認識である（Cruft et al. 2015: 4 - 6）。一般に自然本性的構想とみなされる／自称する論者のうちでもベイツの定式化する 4 主張のいずれかの主張から離れる論者もいるが(11)，本稿でもその理論的貢献をしばしば参照する J・グリフィン（Griffin 2008）のような先導的論者も（本稿でのちに見るように）自然本性的構想の主張として当該 4 主張を支持しており，ベイツの理解が殊更特殊な理解というわけではない(12)。

2　自然本性的構想のベイツによる拒絶

　ベイツは，前項で確認したように自然本性的構想を定式化した上で，それを拒絶する。彼の結論的主張は，以下のようなものである。

> 自然権のモデルにおいてそれ〔人権〕を認識することで，国際人権への我々の理解は助けられるというより歪められる（distorted）。さらに，この歪曲は，単純に分析の失敗なのではない。自然権にモデルをおいた人権の構想を採用することは，人権の理論が光をあてるべき主要な問い —— 人権の基礎，人権の射程（scope），そして人権の妥当な主張（valid claims）が行

---

(11)　例えば，J・タシオラスは全時空性，A・ブキャナンは実践独立性に懐疑的な立場をとる（Tasioulas 2009; Buchanan 2015）。彼らの議論の評価は別稿を要するが，ベイツの定式における 4 主張の全てを採用する自然本性的構想であっても政治的構想からの批判に応答しうると示す本稿は，彼らの議論の吟味の予備的作業をもなす。

(12)　本稿では，当該の 4 主張をなす自然本性的構想として，以下のものを人権が依拠する人間性の要請として捉える諸理論を想定する。すなわち，規範的主体性（Griffin 2008），人間の中心的ケイパビリティ（Nussbaum 2006），人間のニーズ（Miller 2007; Miller 2014），公共的相互承認としての尊厳（Eddy 2007; Valentini 2012a; Valentini 2012b），である。本稿が提示する応答のほぼ全てはこれらの諸理論から共通に提示されうるものであり，そうでない場合には文中にて明示する。なお，ベイツ自身は批判の主たる標的として（特に受益者利益性をとる論者として），グリフィンとヌスバウムの名を挙げており（Beitz 2009: 60），本稿の応答は彼と彼女の議論における 4 主張がなしうる応答として理解されれば，最も直截的なベイツへの応答と理解されるだろう。

為を導くべき仕方 ―― の全てにとってミスリーディングな帰結をもたらす。(Beitz 2009: 50-1 ; cf. Beitz 2013a: 27)

ベイツ自身が，自ら定式化した自然本性的構想の4主張のそれぞれを批判し，この結論を導いている。従って，それぞれの論点についてベイツの批判に応答しうることを示すことが，彼の批判の説得力を最も削ぐ応答となるだろう。そこで以下4つの節において，順次彼の批判を確認した上で，それぞれに対して応答していこう。

Ⅲ 実践独立性へのベイツの批判と応答：実践の地位，人権宣言の地位，そして尊厳

1 実践独立性へのベイツの批判

実践独立性のベイツによる定式化は以下のようなものであった。

実践独立性：人権は，「その力が社会の道徳的慣習や実定法には依存しない要請である」。

以下，ベイツが主張する実践独立性への批判を確認しよう。ベイツの述べるところでは，人権は社会の道徳的慣習や実定法から独立している，という主張それ自体は正しい。しかし，自然本性的構想は，そのような主張の中でも，人権の特殊な「存在論的性質」を主張する点で，つまり，人権が国際人権教説とは分かたれた一つの独立した規範的秩序に存在するものと捉えることを主張する点で，誤っている。これが誤りであるのは，現行人権実践が，そのような規範的秩序によってではなく，多様な諸人格によって，多様な仕方で正当化されたという事実と矛盾するからである（Beitz 2009: 53-4）。「人権は，その基礎や正当化について何らかの一つの見方を前提としない点で，自然権とは異なる」(Beitz 2009: 54)。

より具体的には，ベイツは人権の正当化について一つの根拠を求めるべきではない理由として，現行人権実践がその生成時に多様な視点によって正当化されたことを述べる。彼によれば，これは特に世界人権宣言の起草のプロセスに

対するJ・マリタンの報告，すなわち各国の代表は「我々は，なぜ同意するかを誰も問わないかぎりにおいて，権利について同意する」(Maritain 1949a: 9 = 1951: 12; cf. Maritain 1949b = 1951) として人権に同意をみていったという報告から確認できることになる (Beitz 2009: 54, cf. ch. 2, esp. 21)。つまり，マリタンの報告と，自然本性的構想の「ただ一つの推論＝理由づけ」という性質は整合しておらず，近代人権文書の起草者たちが自然権を多様な道徳的・政治的教説の一つに過ぎないとみなしたという事実と矛盾してしまうというのだ (Beitz 2007→2012: 630; Beitz 2013a: 28; Beitz 2013b: 259)。

そして，このようにベイツが，自然本性的構想の胚胎する規範的秩序を，それが彼の観察する現行人権実践の成立過程に合致しないことをもって棄却するとき，我々は，彼が人権を論じる特殊な前提に気づく。つまり，人権の構想は，成立している現行人権実践，さらにはその成立過程に沿ったものでなければならない，という前提である。彼はこう述べている。「もし〔人権の理論の〕核心的な関心が，グローバルな政治的生についての公共的反省 (reflection) と推論 (argument) において生起する形での人権の観念であるなら，人権の観念の中心的条項 (terms) を概念化するにあたり，公共的実践からの導きを得るべきであるのは自明なことであるように思われる」(Beitz 2009: 11, cf. 8)。

2　実践独立性へのベイツの批判へ応答する

さて，このような批判に対して，自然本性的構想はどのように応答しうるだろうか。まず確認されるべきは，自然本性的構想も，実践の観察から人権の構想を練り上げる企図，あるいは少なくとも実践を考慮に入れつつその変化を導こうとする企図それ自体はベイツと共有しうる点である。例えば自然本性的構想の代表的論者J・グリフィンが，実際の社会生活において政治家・法律家・社会運動家などにより人権が用いられる形態を観察し，それを説明する倫理的基礎として，重要性が置かれる人間性にもとづく価値を提示する時，そこでは確かに実際の人権実践から人権構想の導きを得ている。これは特に，グリフィンが自身の構想を (例えば定言命法のような権威を有するとされる道徳原理から人権を導出する「トップダウン・アプローチ」と対比される)「ボトムアップ・アプローチ」と呼ぶ時 (Griffin 2008: 29ff) に顕著なものとなる[13]。

ベイツが自然本性的構想の論者と決定的に対立するのは，世界人権宣言後の人権実践が人権理論構築に占める地位である。ベイツの構想においては，「国

際人権教説（international human rights doctrine）の中核的要素」たる世界人権宣言や国際人権規約を始めとする7つの文書（Beitz 2009: 26）に基づく実践が，「生起的実践（emergent practice）」と呼ばれ，理論的な前提となる権威が持たされる（Beitz 2009: 10-11, ch. 2 ; Beitz 2013a: 29）。

　ベイツは，このような実践が既に存在していること，また，実践が根ざす我々の歴史的経験──国家による市民の無視・抑圧が悲惨な結果となること──から，実践の理論的前提としての権威が承認されるとする（Beitz 2009: 11）。しかし，このような人権宣言後の人権実践への理論的地位の付与は，以下のような，実践への規範性付与の問題と，実践の基礎の問題とそれぞれ呼ばれるべき問題に脆弱となってしまう(14)。

　すなわちまず，ベイツはマリタンの世界人権宣言に対する報告から実践の成立への合意の事実性を述べるが，ある時点で成立した実践を前提にするのは，道徳的に純粋であったわけではないその実践の成立過程を道徳的に問い直す可能性を無視する点で問題がある。これは，言説レヴェルと国家レヴェルに区別して述べることができる。第1に，言説レヴェルにおいては，少なくともマリタンが人権内容についての合意を観察した国連人権委員会に対して，その外部から提示された批判を無視することになる。これは，アメリカ人類学会から人権委員会に対して，人権宣言の起草が世界中の多様な生の形式を尊重できず西洋外の者を劣位に置きうるという批判がなされていたにもかかわらず（American Anthropological Association 1947: 541），彼がそれへの合意を主張することに象徴される(15)。第2に，国家レヴェルにおいても，非批准国の存在，さらに，宣言に道徳的権威を持たせるには疑わしい形で同意した国家の存在がある。例えば，南アフリカのような当時の世界人権宣言批准拒否国──南アフリカはまさに世界人権宣言が採択されたその年にアパルトヘイトを施行している（Dubow 2012: 13）──や，サウジアラビアなどから繰り返しなされてきた人権宣言への批判は，（その拒否や批判自体の適切さはさておき）マリタンの観察

---

(13)　といっても，実践の観察から人間性に基づく価値を提示するボトムアップ・アプローチのみならず，後述するように実践自体の観察から人権の構想を形作るわけではない側面も持つM・ヌスバウムのような論者でも，実践それ自体を導く目標は提示しうる。ボトムアップ・アプローチと，トップダウン・アプローチの区別，さらに（私も同意するが）その二項対比の実際上の困難さについては Crisp 2014: 142-8 を参照。

(14)　これらの点は，邦語圏では既に木山 2014: 208 がベイツ批判の形で簡単に整理している。

の圏域の限定性を意味する。さらに，人権宣言に合意を見ていった各国代表——48か国の代表——も，その条項が拘束力をもたないがゆえに署名したと考えられるし（Miller 2006: 171 = 2011: 208; Reidy 2006: 172），人権文書への同意に参与したそれらの諸国は，主権国家の中でも（それも政治的アドヴァンテージを同意への参与にみた）エリート国家にすぎないのかもしれない（Kukathas 2006: 23）。これらが意味するのは，人権実践の成立時における規範的支持の想定が不確かなものに過ぎないことであり，実践が道徳的に純粋な権威であったとは言い難い（Miller 2014: 154）[16]。

　次に，人権実践の成立を正当化する理念が必要であるということを無視する点でも問題がある。つまり，世界人権宣言を始めとする人権文書の起草者たちは，その起草に当たって，必ずなんらかの人権に関する道徳的観念を参照しつつ，その観念が実践として成立・制度化される像を描いたはずである（Barry & Southwood 2011: 379）——そうでなければ，存在しない実践の起草の像を描けない。だとすれば，成立した実践においてどのような道徳的観念がなぜ基礎にあるのか，という問いは実践を前提視する視点を，（例えばもともとの道徳

---

(15)　なお，ここで私は，当時多くの人類学者がAmerican Anthropological Association 1947を，文化的多様性の認識を欠きうるものと人権宣言を批判するものして読んだとするK・イーグルの紹介（Eagle 2001: 537）をもとに論じているが，イーグルも示唆するように，同文書自体は，あくまでも人権宣言の批判としてではなく，それが直面する課題——文化的多様性を承認した形での人権の構想の提示——を示したものとしても読める。この意味で，本文中で示した批判は，あくまでもアメリカ人類学会における人権宣言への主流思潮を念頭においたものであって，同文書それ自体の解釈としては必ずしも人権宣言に対して批判的だと捉える必要はない。

(16)　ベイツ自身はある箇所で，「ある種の政治的目的」から採用された教説から始める修正主義的視点を採る理由をあげているが，そこから読み取られるのは1．歴史的な問題——国際教説が，「すべての人民（peoples）と国家（nations）にとっての達成の共通の基準」を描く交渉された合意（negotiated agreement）——であること，2．グローバルな政治的生における構造や行為を規制するものであり今日の人権実践を導くものとして適切であることである（Beitz 2001: 277）。しかし，これらは本文中でもあげる問題と関連し以下のような困難を持つだろう。第1の理由については，合意参加の各国代表が，必ずしも彼らが代表している人々の判断を表象しているわけではないという問題——例えば常に聞かれずに残る少数者の声を想起せよ——が存在し（これは，国際目標・国際規範の策定において今日まで問われている問題である（山田2016)），第2の理由についても当時拘束力がないものとして判断された国際文書に規範性の源泉を求め，人権の言語から離脱することが困難なほど人々に根付いている今日の文脈に当てはめるという求められる役割の相違を無視した理論化のおそれをもつように思われる。

観念が適切なのか，実践はその道徳的観念の適切な制度化なのか，といったように）問い直す地位を不可避的に持つことになる。

　以上論じたように，マリタンが合意を報告したような文書に基づく人権実践の成立に，理論的前提としての権威を与えるべきではないとすれば，彼の報告はどのように理解されればよいのか。自然本性的構想の論者が提示する以下のような理解はマリタンの報告に対する一貫した理解を与えてくれる。すなわち，人権宣言起草者たちという，彼（女）らが代表する国々が世界の国々の一部に過ぎないという意味で，またその国々が政治的利益から人権文書作成に関与したとみられるという意味で道徳的権威の純粋性において限定された人々が，それぞれ人権の哲学的正当化・基礎の探求をなしつつも，プラグマティズムによって合意の姿を提示したのだ，という理解である。

　つまり，この理解においては，起草者たちは何が最もよい人権の哲学的正当化・基礎なのかを追求しつつも，第2次大戦後の国連における人権宣言の起草というプラグマティックな共通の目的のもとでは，その哲学的正当化・基礎については，「分別のある沈黙（sensible silence）」を保ったのだ，と理解されるべきことになる（Griffin 2008: 22, 25; Liao & Etinson 2012: 335）。

　ここで興味深いのは，起草者たちが明示的に人権の哲学的正当化・基礎を提示しようとはしていなくとも，人権宣言中には，その痕跡──プラグマティックな仮面に覆われた哲学的正当化・基礎の探求の試みの跡──を見出すこともできる点である。特に，M・S・リアオとA・エティンソンが強調するように，人権宣言の序文などにみられる「人間の尊厳」を哲学的理由づけの残滓として，つまりプラグマティズム以前の哲学的理由づけの跡として捉えることもできる（Liao & Etinson 2012: 335）。

　さて，この痕跡（人間の尊厳）について，自然本性的構想と，ベイツの政治的構想の間で，解釈の相違が存在するが，私は自然本性的構想の解釈が優位する，と考える。

　一方の，自然本性的構想においては，人権宣言にも見られるような（人間の）尊厳の解釈として，人間性に基づく価値が述べられる。例えばグリフィンは，人間に尊厳を与えるものとして規範的主体性（normative agency）（Griffin 2008: 44）という人間性に基づく価値を描き，尊厳概念を，人間性に基づく価値の現れ，として解釈している[17]。つまり，尊厳の概念に実質的内容を与える道徳的観念として人間性に基づく価値を提示するのだ。

〈論説〉　3　人権の哲学の対立において自然本性的構想を擁護する〔木山幸輔〕

他方ベイツにおいては，尊厳概念について，正当化とは無関係に「合意された」という事実が重視される。彼においては，尊厳概念は，起草者たちによって「根本的価値（fundamental value）」であると単に断定されたのだ，と，その正当化とは無関係に，尊厳概念を含む文書を基礎に実践が成立したことが強調される（Beitz 2009: 20; cf. Beitz 2003: 36）。人権宣言の起草にいたる過程を歴史的にみても，人間の尊厳の言葉は，その哲学的な正当化とは無関係に，偶然的に合意されたにすぎない，というのだ（Beitz 2013b: 265-70）。

しかし，ベイツによるこのような尊厳概念についての合意，そしてそれを含む文書の実践の基礎としての措定は，彼の問題を明白に浮かび上がらせるのみである。すなわち，合意されたという事実は，それに対する以下のような批判に十全な応答を示すことができない。これは，ベイツ自身が人権に関する合意理論への批判として述べている問題が，彼にも跳ね返ってあてはまってしまうことを説明することで，明らかになるだろう。

彼は，自身が「合意理論」と名付ける人権理論の批判に Beitz 2009 の1つの章（ch. 4）を割いている。彼の定式化ではこれは「道徳的・政治的諸価値が多くの点で類似していない諸文化のメンバーたちの合意の（潜在的）対象」として人権を位置付ける理論である（Beitz 2009: 73）。ベイツのこれへの批判の一つは以下のようなものだった。文化間の合意の想定は，「合意に参与するそれぞれの社会のメンバーたちの間で共有された，道徳的信念の適理的に安定し統合された構造を同定する可能性に依拠している」（Beitz 2009: 85）ことを含意する。しかし，そのような「統合された構造」を有する社会の像は理想化されすぎており，それぞれの社会内部でも，当該社会が有する道徳的要素の解釈において人々は不合意の状態にあるという事実を無視してしまう（Beitz 2009: 86）。つまり，人権を含むある規範に対して，社会の誰かが合意するという像を描くなら，それぞれの社会内部における実際の不合意を無視した，道徳的システムの一元性の想定を含意してしまう，というのだ。

そして，私にはこの批判は，ユネスコ人権委員会における人権文書への合意についても当てはまってしまうように思われる。人権委員会に起草者として

---

(17) 自然本性的構想の間でも，尊厳概念の解釈それ自体は分かたれている。例えば，人間の中心的ケイパビリティが大きく欠損されていないことをもって尊厳が保たれるとする Nussbaum 2011, 公共的な相互承認の対象となることをもって尊厳が保たれると解する Eddy 2007; Valentini 2012a; Valentini 2012b を参照。

やってきた各国代表は，ベイツが合意理論に対して批判するように，（自らがやってきた社会におけるそれをはじめとする）道徳的システムの「ある解釈」を採用する諸個人にすぎない。そうであるならば，人権文書への合意も，それぞれの「ある解釈」を提示する諸個人の間でのものにすぎない。結局ベイツのとる2つの立場，すなわち人権委員会における人権文書への合意を理論的前提とすることと，諸社会・文化の間の合意を人権の基礎とする論者を批判することは，両立しない[18]。後者の合意への批判が適切だとするならば ── 私はそう考えるが ──，彼は前者の合意を理論的前提として扱うことも否定すべきである。

　本節の結論をまとめよう。人権宣言，あるいはそこにおける尊厳の概念は，ベイツのするように，単に起草者たちが合意したのだと捉え，理論的前提として据えることはできない。そうするならば，起草者たちが代表する社会内部での不合意を封殺してしまうからだ。むしろ，ベイツの理解とは異なり，尊厳に関して人間性に基づく推論がなされた上で，そのような推論を起草者たちはプラグマティックな考慮によって明示せず，人権文書に合意したと捉えられる。そして，そのようなプラグマティズムの帰結としての文書に基づく実践をベイツのように理論的前提にするのではなく，その基礎を問うべきである。なぜなら，人権実践の成立への諸国の規範的支持の想定は適切ではなく，実践を成立せしめたような観念こそが求められるからだ。その意味において，自然本性的構想の提示する人間性に基づく価値に基礎を据えながら，人権を「その力が社会の道徳的慣習や実定法には依存しない要請である」と捉える[19]ことは適切である。

---

(18)　実際，人権についての重合的合意論者がしばしばマリタンの報告それ自体を人権に関する重合的合意の成立を示すものだとしてきたように（Mandle 2006: 51; Nussbaum 2006: 304＝2012: 349），人権文書への合意と重合的合意の同型性はしばしば意識されてきた。

(19)　なおこのように人権を捉えるものは自然本性的構想以外にもありうる（例えば，木山 2014は，実践を問い直す地位を持つ推論としてどのようなものがありうるかレビューしている）。ここでは，ベイツの批判するこの把握それ自体が不適切ではないという指摘にとどめ，自然本性的構想と他の可能な構想の比較検討は行わない。

IV 前制度性へのベイツの批判と応答：実践における権利との乖離，抽象的権利と具体的権利

1 前制度性へのベイツの批判

ベイツの定式化するところ，自然本性的構想は以下のような前制度性の主張をも伴うのであった。

前制度性：人権は，「論理的な意味で前制度的である」。

ベイツは，前制度性の主張を，以下のような意味を持つものとして提示する。つまり，人権の内容は，制度の構造的な諸特性への参照を抜きにして認識可能だ，という意味である（Beitz 2009: 55）。

ベイツは，このように前制度性の主張を理解しつつ，以下のように批判する。前制度性の主張は，自然状態で認識される諸権利——彼はそれをロック的諸権利と呼ぶ——にはあてはまるが，人権実践における多くの権利——例えば公平な裁判所による審理への権利（世界人権宣言第10条），（初等）教育を受ける権利（同26条）——を説明できない。ベイツによれば，前者の諸権利とは異なり，後者の諸権利は，「受容される・制度的・環境（acceptable *institutional* environment）〔斜字原文〕」の諸特性を描く（Beitz 2003: 41）。だから，そのような諸制度が存在しない自然状態[20]で裁判所による審理への権利・教育を受ける権利が存在したと考えることは意味をなさず，それらの権利を前制度的だと考えることはできない。

以上のように，ベイツは制度的環境に不可避的に依存する諸権利の存在によって，前制度性の主張を否定する。そして重ねて彼は，前制度的に保持される人権という発想を堅守してなされた自然本性的構想の応答をも批判する。すなわち，抽象的権利と具体的権利の区別による応答である[21]。この区別にお

---

[20] より一般化して述べれば，ベイツの理解では，自然状態では我々の社会生活の特徴を描くことはできないということになる。例えば，自然状態では，裁判所や教育制度に加え分業や市場構造がないものとして描かれ，市場のような社会生活の特徴を描くことはできないことになる（Beitz 2007→2012: 633）。

いては，社会状況に依存せず，前制度的に捉えられる抽象的権利が，それぞれの社会状況を参照する形で具体的権利として表現される，と捉えられる。この説明において，仮に初等教育制度を前提とする教育を受ける権利について考えるならば，それは例えば子供がその生に必要な知識をもつことへの権利——「知識への権利」と呼んでみよう（木山2017: 209）——という抽象的権利が，初等教育制度が可能かつ望ましい社会状況において具体的権利として表現されたものだと捉えられる。また，もしここで自然状態を想定するなら，そこにおいて抽象的権利としての人権は，なんらかの社会状況への移行において具体的権利として表現される以前の原権利（proto-right/ur-right）として保持されると捉えられる[22]。

このような自然本性的構想の応答に対する，ベイツの再批判は，あるジレンマの指摘という形をとる[23]。すなわち，もし抽象的権利の内容が狭いなら，そこから導かれる具体的権利の内容は現行国際人権実践のカタログと比して少なくなってしまい，逆に抽象的権利の内容を広く捉えるなら，「自然さ（naturalness）」という自然本性的構想に伏在する魅力が失われてしまう，というジレンマである（Beitz 2009: 56）。説明しよう。ベイツの論じるところ，一方で，抽象的権利は，社会的・制度的な偶然性に依拠しない形で表現されざるを得ないため，それが包含する内容を制限するようプレッシャーがかかる。しかし，その抽象的権利の内容が制限されればされるほど，そこから導かれる具体的権利の内容は，現行の人権教説に比して，狭いものになってしまう（Beitz 2009: 56）。他方で，現行の人権教説のような広さを持った内容の具体的権利を導きたいのであれば，抽象的権利の内容を拡張しなければならなくなる（Beitz 2009: 56）。その時には，現行の人権教説における社会関係についての言及のような社会状況の参照が必要となるが，しかし，それでは「自然さ」に含まれる，人間性それ自体から人権を提示するという発想から離れてしまい，自然本性的

---

(21) 例えば，Griffin 2008: 50; Gilabert 2011: 442-4；木山2017: 206を参照。抽象的権利と具体的権利の区別は，人権の哲学の議論蓄積を離れれば尚一層珍しいものでもなくなる。例えば伝統的に自然法論は，進行する歴史の中で「実現すべき基本的な価値を，具体的な価値の多元性と矛盾しない形で提示する」ものとして，基本的な価値と具体的社会文脈における価値を区別する側面を有してきた（山本 2013: 240）。

(22) このような見解を明示的にとるものとして例えば Valentini 2012b。

(23) ベイツの用語系では，本稿の述べる抽象的権利は一階の権利，具体的権利は二階の権利と呼ばれている（Beitz 2009: ch. 3）。

構想の魅力が失われてしまう、というのだ。彼は以下のように述べる。「その基礎が、現代人権実践におけるような諸権利のカタログを正当化しようとするのに十分であるような視点を生み出そうという試みは、「自然さ」の観念を用いることで得られると考えられた人間の状況「それ自体」に対する〔自然本性的構想／自然権モデルという〕種に固有の適切さ（generic pertinence）を放棄してしまうおそれをもつ」（Beitz 2009: 56）。

2　前制度性へのベイツの批判へ応答する：広範な具体的権利の提示可能性

以上のような、抽象的権利の内容が狭いと具体的権利が国際人権実践の権利から乖離し、抽象的権利の内容が広いと「自然さ」が失われるという批判に対して、私は自然本性的構想は以下のように応答すべきだと考える。前者の批判に対する応答と後者の批判への応答を分け、順次述べていこう。

まず前者の批判 ―― 抽象的権利の内容が狭いと具体的権利が人権教説のリストから乖離する ―― への応答として、第1に、現行国際文書における権利すべてを人権と認めうる必要はないことが認められねばならない。前者の批判が成立するのは、現行の人権教説と具体的権利が合致しえなければならないという主張が適切である場合であるが、その適切性は、人権構想構築の上での立場に依存する。例えばI節で見たように、政治的構想の嚆矢ロールズにおいては、国際的人権文書に見られる権利の多くが「リベラルな羨望」にすぎないとされ、自身の人権構想が提示する人権内容が人権宣言における諸権利と合致しえなければならないという発想は採られていない。その合致可能性の要求は、国際実践における人権教説に見られる人権リストを前提にするというベイツの特殊な理論的立場を反映しているのみであって、なされなければならないのは、その人権リストを前提にすることの適切性をめぐる比較検討である。そして、前節で検討したように、国際人権実践における人権についての合意・文書の成立が、それらを理論的前提とすることの擁護可能性を保証しない以上、このベイツの選択は望ましいとは言い難い。

第2に、仮に導かれる具体的権利が国際人権実践において人権とされるものと近似すべきだとしても、抽象的権利からは国際人権実践にみられる権利から乖離した少ない具体的権利しか示せない、というベイツの言明には、少なくとも、以下の2つの理路が成立する以上 ―― それらは相互排除的ではない形で成

立する——，彼の言明は必ずしも適切ではない，と応答をすることができる。まず，導かれる具体的権利が国際人権実践にみられる権利と近似するかは抽象的権利を導く中核的価値として何を措くかに依存する，という応答である（応答 i）。つまり，中核的価値は広範な諸権利を正当化しうる広さを持った形で措かれうる[24]。とはいえ，ベイツならば，この応答に対しては，それらは社会状況への参照を含んだ「自然さ」の欠如した自然本性的構想に陥っているのだ，と述べるだろう。その反論への応答は次段落へ譲り，ここではもう一つの応答の理路を示しておきたい。すなわち，少ない抽象的権利の内容から具体的権利として多くの権利を示しうるという応答である（応答 ii）。例えば，ある権利A——ここではベイツの述べる自然状態でも保持されうるロック的権利——が抽象的権利として存在するとしよう。さらに，抽象的権利から具体的権利が導かれるとする自然本性的構想をとり，各人が抽象的権利Aから導かれた何らかの権利Bを持つとしよう。我々はここで，権利Bの享受のために，他の権利群Cが必要であり，それゆえCもBのために必要となる，という発想をとり，Aから多くの権利を正当化することができる。例えばこのような発想を採るH・シューは，Cに当たる権利群として，身体的安全（physical security）の権利，生存権，参加の自由と移動の自由を挙げている（Shue 1996: 31）。私自身は，J・ニッケルのように，（前制度的ないし前社会的ではない）現実の局面においては，人権とされるべき諸権利の間での相互的依存——BのためにCが必要であると同時にCのためにBが必要であるとする権利の相互関連性（interconnectedness）——が存在すると考えており（Nickel 2006: 275），BのCへの依存のみに注目するわけではないが，BがCに依存することは，多くの権利（具体的権利）が抽象的権利から導かれうることを示し，ベイツの言明への反論となるだろう。

　さて，ベイツは，抽象的権利の内容が広いと，社会状況への参照が含まれ，

---

[24] これについて自然本性的構想には少なくとも2つの戦略があるだろう。第1は，中核的価値の抽象度を上げ，そこから多くの権利が導かれることを示す道である。例えば公共的相互承認を尊厳概念の核として解釈する Valentini 2012b は，そこから（例えばグリフィンが認めないとしばしば解釈される）デモクラシーへの権利までを人権として示している。第2は，抽象的権利のリストを，できる限り広範に示すことである。例えば，M・ヌスバウムが長くなしてきたような人権の基礎としての広範な人間の中心的ケイパビリティリストの正当化や，J・フィニスによる基本善の提示をそのように理解できる（Nussbaum 2006; Nussbaum 2011; Finnis 2011）。

〈論説〉 3 人権の哲学の対立において自然本性的構想を擁護する〔木山幸輔〕

自然本性的構想の「自然さ」が失われるという批判をもしていたのであった。これは，前段落の第2の応答の (i) を彼が受け入れないことをも意味している。

このベイツからの批判に対しては，P・ギラバートがそうするように，自然本性的構想は人権が基礎を置く人間性について「アトミスティック」に捉える必要はなく，人間は社会に生きるものという前提をおいてもなんら議論における不整合性を生まない (Gilabert 2011: 444)，と応答することができる。つまり，抽象的権利自体が，一方で社会状況への参照が可能でありながら，他方で，個別的な社会状況を前提にしない抽象性を保つ形で構想されることは可能である。ギラバートの言葉を借りれば，ここで抽象的権利は，「社会生活における人間の一般的特性」(Gilabert 2011: 444) を指し示すと理解される。例えば先述の子供がその生に必要とする「知識への権利」をそのような抽象的権利の例として用いれば，それは，初等教育までの修了が社会生活の前提知識を形作るような社会においては，「初等教育を受ける権利」として具体化されるかもしれない ─ 世界人権宣言はこれを述べるものとして理解できる ─ し，中等教育までの修了がそのような知識を形作るのに必要な社会においては，「中等教育を受ける権利」として具体化されるかもしれない。逆に，フォーマルな教育制度が少なくとも予見される未来において望ましい形で存在しえない社会 ─ ヤノマミのような部族社会を想起せよ ─ においては，知識への権利は，教育制度ではなく部族社会内での知識伝達への権利として具体化されることになる (木山 2017: 210)。このように，抽象的権利が社会状況への参照をする形で提示されることが，自然本性的構想を採るべきでない理由となるとは思われない。

以上，本節では，ベイツの批判の検討を通じ，現行実践における人権リストを前提とすることが仮に適切であったとしても，自然本性的構想は，抽象的権利から社会的状況を参照して具体的権利を示し，広範な人権のリストを正当化しうる，と論じた。これは，人権を前制度的に見ることに不都合はない，ということを意味している。

V 全時空性へのベイツの批判と応答：人権の制度・脅威との関係

1 全時空性へのベイツの批判

それでは，自然本性的構想が伴う全時空性の主張へのベイツの批判の考察に

移ろう。全時空性の主張は以下の通りであった。

全時空性：人権は，「全ての時間と全ての場所において」保持される。

　ベイツによれば，これは，人権の要請は時代を通じて不変だという主張として理解される（Beitz 2009: 57）。彼による批判は，これでは，人権宣言における権利のいくつかが人権としての資格を喪失してしまう，というものだ（Beitz 2009: 30, 57）。ベイツによれば，人権は「近代社会」における諸権利であるのに，全時空性が主張される際にはそれが見失われてしまう。というのも，人権は過去を企図するわけでも，未来を企図するわけでもないからだ。まず過去を企図していない点について彼はこう論じる。人権宣言には，社会保障への権利や無償初等教育への権利といった，通時的に不変（timeless）だとは考えられない諸権利が含まれる。「人権宣言の起草者たちは，古代ギリシャ人や，清王朝における中国，あるいは中世ヨーロッパ社会に，人権の教説を適用するよう意図したわけではなかったということ」は明らかである（Beitz 2009: 57; cf. Beitz 2003: 43; Beitz 2004: 200-1）。同時に人権は未来をも企図していない。もし，人権の通時的不変性（timelessness）を想定してしまえば，脅威の内容が未来において変化することに対応できない。ベイツは，社会・経済・技術的な環境が変わるにつれて脅威の内容も変化するが，人権の通時的不変性を想定してしまえば，この変化に応じて人権リストを変化させることもできなくなる，という（Beitz 2009: 58）。

　ベイツによれば，人権は近代の諸特性が存在する社会でのみ有効と捉えられるべきである。「教説の内容から判断すれば，国際的人権は，ある範囲（range）内の社会において役割を果たすのに適している。粗くいえば，それが役割を果たす社会とは，近代化の典型的な諸特性のいくつかをもつ諸社会である。[それらの諸特性とは] 例えば，（執行の能力を含む）ミニマルな法システム，少なくともいくらかの労働者の賃金労働の何らかの形態を含むような経済，グローバルな文化的・経済的生へのなんらかの参加，そして歳入を得，必要不可欠な集合財を提供するような公共的な制度的能力である」（Beitz 2009: 58）。

　このようにベイツの全時空性の主張への批判は，人権が近代社会と結びついている，という彼の認識から生起する。そして，その認識を支えるのは，以下の2つの想定だと言ってよい（Beitz 2009: 30）。第1に，人権により人々がそ

れから守られている諸脅威は，近代社会においてのみ生じるという想定である。例えば，不公正な報酬（cf. 世界人権宣言23条），教育機会の欠如（cf. 同26条），医療ケアへのアクセスの欠如（cf. 同25条），国籍の喪失（cf. 同15条）（Beitz 2009: 30）といったものは，それが脅威として存在するために近代社会が存在することを必要とする。第2に，ある種の人権はある諸制度が存在する，あるいは存在しうる場合にのみ理解可能であるという想定である。ベイツは，社会保障への権利（世界人権宣言22条），初等教育を受ける権利（同26条），法の支配（同前文），選挙（同21条）といったものは，それが近代社会の諸制度を前提として初めて理解可能になる，と論じる（Beitz 2009: 30）。彼においては，こうして近代特有の脅威と制度が存在するところにのみ人権は存在しうることとなる。

2　前制度性へのベイツの批判に応答する：抽象的権利の適切な通時的普遍性

このような，人権は近代社会の脅威や制度と結びついているにも拘らず，自然本性的構想では人権の通時的不変性が主張されてしまう，という批判に対して，私は以下のような自然本性的構想による応答の筋道を示したい。

まず，ベイツが自然本性的構想では通時的に不変的な人権要請が存在するとしてしまう，と述べる時，ここで問題になるのは，どのような人権要請が通時的に不変なのか，である。すでに導入した，人間性に基礎を置く抽象的権利と，具体的社会状況を参照する形で表現される具体的権利の区別を思い起こそう。ベイツが通時的不変性をもたない人権要請，と述べる時，（彼が社会保障や初等教育などの例を述べることから）それは，具体的権利として捉えられることになる。しかし，自然本性的構想が主張するのは，そのような具体的権利の通時的な普遍性（universality）ではなく，抽象的権利の通時的な普遍性の主張である。なぜなら具体的権利ではなく抽象的権利が，（先に論じた社会生活におけるそれを含む）人間の諸利益を，人間性から導かれるものとして指し示すからだ。

次に，人権と，近代的脅威及び制度との関係について。前者の脅威について，自然本性的構想は，人間から見た「具体的な脅威」は時間の経過によって変化しても，「脅威の性質」それ自体は変わっていない，とまず応答することはできる。そのような脅威の性質は，人間がその人間性故にもつ重要な諸利益を害しうるもの[25]，と理解することができよう。この視点からすれば，ベイツが自然本性的構想では説明できない権利が含まれるとする人権宣言を始めとする

人権諸文書自体は，当時の社会における具体的脅威への当時の起草者たちの認識を反映した，その時点での彼（女）らの判断である，とみることができる(26)。そしてそれらはあくまでも，人間性に基づく諸利益が脅かされやすい具体的社会状況についての起草者たちによる1つの判断の言明にすぎない(27)。

　後者の制度について，自然本性的構想は，近代的な諸制度が存在しないとしても抽象的権利はそれぞれの社会状況に対して具体的権利を提示しうると応答しうる。これは，ベイツの述べる個々の権利に即して，応答するのがよいだろう。以下，抽象的権利および脅威の性質の通時的不変性を前提としつつ，どのように個々の権利が捉えられるかを試みに描写してみたい(28)。

　第1の例として，抽象的権利として個人が生きる社会内での地位の承認を想定し，その現在・過去・未来での具体化を考えてみよう。現在に近い時代の場合，一般に不公正な報酬が社会的分業を採る近代社会内での地位を掘り崩すが故に，人権宣言においては，同等の勤労へ同等の報酬を受ける権利として具体化されたと捉えられる。過去（例えば石器時代）においては，適切に部族内での共同作業に参加できているか，といった異なる形での人々の地位の承認が考

---

(25) もちろん，ここにおける重要な諸利益の構想は，個々の自然本性的構想によって異なることとなる。とはいえ，例えばヌスバウムによる，よく知られた10個の人間の中心的ケイパビリティの提案でさえ，そのリストの是非はともかく，通時的な普遍性（universality）の主張がなされても理解可能なものではある（cf. Nussbaum 2006: 76-8）。

(26) 世界人権宣言における脅威に関する最も明白な表明は，人権宣言が諸国家を最も重要な —— ほとんど排除的な —— 脅威の源泉と捉えていることにあろう。L・ウェナーが述べるように，人権宣言の起草者たちは，第二次大戦におけるドイツ・日本のような国家による被治者の抑圧・軽視を，当時生起しうる最も重大な脅威と見ていただろうが（Wenar 2016: 147-9），あくまでもそれはその当時における認識である。

(27) だから，世界人権宣言に宣言される諸権利は共時的にも常に適切とは限らない。例えば（初等）教育を受ける権利について考えるなら，木山 2017: 209-10が論じるように，初等教育の欠如がその生への脅威とならずむしろ部族内での知識伝達の欠如こそが予見可能な未来において部族構成員の生にとって破滅的な影響を持つだろう社会が存在していると捉えられる点で，初等教育を受ける権利については共時的にも普遍性が成立していないだろう。この意味で，人権宣言で述べられる（具体的）権利自体が共時的普遍性をもちえない場合もあると捉えられるべきである。

(28) ここでは，描写の参照点として Eddy 2007; Valentini 2012a がそうしたように，個人が自身を尊重に値する者として捉え他者からも尊重に値する者として扱われる際に保持されるものと尊厳を解釈し，そうした価値ある主体としての地位を人間性の要請とみる構想を念頭に置いている。そうした構想からは，生が営まれる空間での地位承認，地位を実効化する知識やヘルス・ケアが抽象的権利として提示され，それらの保護が求められることとなる。

〈論説〉 3 人権の哲学の対立において自然本性的構想を擁護する〔木山幸輔〕

えられるはずである。他方，未来においても，人々の直面する具体的脅威の変化に対応し，望ましい地位の承認の形が描かれるはずである(29)。

第2の例として，抽象的権利としての，子供の知識への権利や，病気・怪我へのケアへの権利（ヘルス・ケアへの権利）を想定してみよう。人権宣言においては，知識取得やヘルス・ケアは初等教育や制度的医療ケアの形で制度化されるのがよい，という起草者たちの判断がなされたと解される。過去（例えば石器時代）においては，それらは石器の使い方を始めとする知識の例えば家族・集団内部での伝達への権利として（木山 2017: 209），あるいはアクセス可能なヘルス・ケア（例えば休息(30)や当時一般的に入手しうる薬効保持物）への権利として具体化されたと捉えられる(31)。未来においては，例えば多言語能力を持つことが人々の生に必要でかつそれが望ましい場合には，知識への権利は，必要な知識へのアクセスを可能にする翻訳装置を脳内にダウンロードされる権利として具体化されるかもしれないし，ヘルス・ケアへの権利は，——現在において抗HIV薬・エイズ治療への権利が人権の言語により求められている（斉藤 2011）のと同様の形で——人工臓器への権利として具体化されるかもしれない。

第3の例として，抽象的権利の含意として，適切な主体（例えば能力がある主体（Griffin 2008: ch.5））及び適切な手段による諸利益の保護が要請されるという想定をしてみよう。このような保護は，諸主体の布置の変化や可能な手段の変化に対応して具体化されると考えられよう。人権宣言において人々の国籍を持つ権利が措定された時（世界人権宣言第15条），当該状況においては人々の諸利益の適切な保護の主体・手段は，能力を持つ国家と，その諸施策だと考え

---

(29) この時，承認の範囲が人権宣言において想定されているような国家単位から離れることも十分に考えられる。人権に関して求められる承認の圏域として，（国家にとどまらない）強制力の圏域を提案する議論として，Valentini 2012b を参照。

(30) 人間の健康一般への休息の重要性，及び休息を社会的関係が支える像については，例えば Wolff 2011: 142-3 = 2016: 192-94。

(31) なお，この点について，過去に権利概念が把握されていたのか，といった疑問を現代規範理論研究会参加の諸氏より向けられたが，ここでの主張は，そのような権利を持つものとして捉えられる「べき」という理解の問題であり，捉えられた，という問題ではない。（問題となっているのは過去の人々が保持可能な権利の把握にすぎず，タイム・マシンを持たない我々は，それらの権利の尊重の存否やそのような権利概念の対応概念が当時を生きる人々に把握されていたかは（少なくともほぼ記録の残らない時代の社会については）確認できない。できることは例えば平安時代を舞台とした映画を見て子供が適切に教育を受けていないと思われる時に，それに義務を負うだろう者——例えば親——を内心で非難することくらいである。）

られていたと捉えられる[32][33]。過去（例えば石器時代あるいは中世キリスト教圏）においては，なんらかの集合的能力を当時の社会状況において有効に有する主体（例えば石器時代では部族，中世ヨーロッパでは教会（Griffin 2008: 102-3））による保護が求められたと考えられる。未来においては，国境を越える制度的保護の方が有効なら（例えば国家による権利保護より EU による保護の方が有効な場合），それを通じた保護が求められることになる。

仮に以上の応答が理解可能かつ適切なものであるとすれば，以下のようにベイツによる人権の全時空性への批判に応答することができたことになる。抽象的権利としての人権は時代ごとの社会状況に応答しつつ通時性を主張できるし，それは，近代の脅威・制度のもとでの具体化も，過去・未来の脅威・社会状況のもとでの具体化もなされうる。抽象的権利としての人権を，通時的に不変（timeless）と捉えることは適切である[34]。

Ⅵ 人間性依拠性へのベイツの批判と応答：受益者利益性，貢献の自然的理由性

それでは，ベイツによる人間性依拠性への批判の検討に移ろう。人間性依拠性は以下のように主張する。

人間性依拠性：人権は，「単に人間性ゆえに」保持される。

---

[32] とはいえ，人権の保護の機能をまず国家に求めるベイツの議論とは異なり，私は，現在においても国家のみというよりも，むしろ多様な諸主体 —— 国家・諸個人・NPO・NGO など —— による協調によってこそよりよく人権宣言に述べられる諸権利の達成が有効にもたらされると考える。この含意は，諸個人の義務は国家に代行されるべきものというより —— 例えば宇佐美 2008: 110; 宇佐美 2014: 14; cf. 宇佐美 2005: 75は政府による義務の代行による各人の自由領域の確保を謳う ——，むしろ国家が有効な場合には国家を通じた義務を，そうでない場合には国家を通じない義務を果たすことだと考えられる。国家に排除的に第一義的な人権保障の責を負わせることが有効性を欠きうることの指摘として，Sen 2004: Miller 2015: 237; 本稿Ⅲ.4 を参照。

[33] H・アレントが観察するように，第1次世界大戦後，第2次世界大戦に至るまでの欧州においては，少数民族会議の失敗が示すように結局人々の諸権利を保障しえたのは国家のみであり（Arendt 1951 = 1972: 285-6），そのような判断を人権宣言の起草者たちは共有していたと考えられる。なおアレントが，同時に「諸権利を持つ権利」が国家の協定や条約を超えたところで将来的に保障される可能性を示唆していたように（Arendt 1951 = 1972: 284），超国家的な人権保障の可能性をも認識していたことに本稿の議論も導かれている（cf. 齋藤 2011: 13, 23; Benhabib 2004: ch. 2 = 2006: 2章）。

ベイツは、この主張を、さらに2つの主張に分節化して定式化し、それぞれを批判しているから、本稿も、彼による区分に即して、批判に応答していこう。

1 受益者利益性へのベイツの批判と応答：国際的行為としての人権の機能？　貢献の問題？　国際人権教説に対するドグマティズム？

（1）受益者利益性へのベイツの批判

ベイツによる人間性依拠性の第1の定式は、受益者利益性、とでも名付けられるべきものである[35]。それは、以下のような定式化がなされる。

受益者利益性：「人権は、どのような人間も持ちうる（あるいはおそらく持つべきである）と予期される利益を保護する」(Beitz 2009: 59)。

受益者利益性の主張は、人権が単に人間性ゆえに保持されるということを、「受益者 (beneficiary) のパースペクティヴ」から捉えたものであり (Beitz 2009: 68)、それは、以下のような特性を持つ。まず、受益者利益性の主張は人権の基礎を、基本的な人間の諸利益に求める (Beitz 2009: 64)。次に、受益者利益性の主張には、「最も根本的なレベルでの人権の性質と内容」は、「グローバルな政治的生における人権の役割」── つまり国際人権教説が現在果たしている役割 ── を参照せずとも理解できる、という想定がある (Beitz 2009: 64-5)。そしてベイツは、このように理解される受益者利益性の主張に対して、4つの批判を提起する。以下、それらを確認したのち、それぞれに応答していこう。

第1の批判は、現行実践における人権の機能を考慮に入れられない、という

---

(34) ベイツにとって、より問題含みとなるのは、彼の人権の共時的普遍性の主張の維持し難さである。例えば、今日においても近代社会の諸特性を有さずに存在する社会 ── 例えばアマゾンのヤノマミやピダハン ── が存在することは、彼の人権の共時的普遍性の主張が、自身の通時的普遍性の拒絶理由によって維持不可能になることを意味する（この点に関して Liao & Etinson 2012; 木山 2017が同様の指摘を行っている）。なお、この問題に関しベイツは、ヤノマミやピダハンのようなケースを例外的ケースとして処理することで人権の共時的な通時性を担保しようとしているようである (Beitz 2009: 48, n. 17)。これに対して、自然本性的構想は、人権宣言における初等教育制度への権利はあくまでも近代的諸制度の導入が望ましくかつ可能な社会に対するものであり、ヤノマミやピダハンにおいては、部族内での知識伝達への権利として現れるという、（例外といったものの恣意的な導入に比して）より一貫した立場を示すことができる。

(35) ベイツ自身の命名は、ディマンド・サイドの自然本性主義である。

ものである。ベイツによれば、人権は現在、人々の緊要の利益が国家によって保護されない場合の、保護・修復を目的とした国際的行為の引き金として機能しており、人権理論はその役割を正当化するのに適切でなければならない (Beitz 2009: 65)。しかし、人権の基礎を、グローバルな政治における人権の機能を参照することなしに、基本的な人間の諸利益に求める受益者利益性の主張では、そうした機能を適切に考慮に入れられない、というのだ。こうした批判を、人権機能への非応答性批判と呼ぼう。

ベイツによる受益者利益性の主張への第2の批判は以下のようなものである。受益者利益性の主張では、「貢献 (contribution) の問題」に光を当てることができない (Beitz 2009: 65)。すなわち、受益者利益性の主張は、「受益者のどの利益を人権が守るべきか」と問題を設定することにより、次のような問い──ベイツは網羅的なものというより例示として挙げる──に答えを与えることができない。例えば、(i) 外部主体による（国境を越える）行為の引き金が引かれるのに求められる「国内レヴェルにおける失敗の程度」、(ii) その行為をできる主体のうちで、「責任をもつ主体の選択」、(iii)「それらの主体に付される行為理由の性質や要求度」、といった問いである (Beitz 2009: 65)。こうした批判を、貢献問題不問化批判と呼ぼう。

ベイツの受益者利益性の主張への第3の批判は、以下のようなものである。すなわち、自然本性的構想で保護が必要とされる人権の内容が、国際人権教説で実際に見られるリストに達しない傾向がある (Beitz 2009: 66)、というものだ。こうした批判を、国際実践人権リストへの不足批判と呼ぼう。

ベイツによる、受益者利益性の主張への第4の批判は、第3の批判と関連する。すなわち、自然本性的構想は、その理論によって示される人権と、国際教説における人権に齟齬があるとき、前者を優位に立たしめ、自身の理論が「国際教説を変革する一応の理由」をもつ、と想定する (Beitz 2009: 67)。しかしベイツによれば、自然本性的構想のような哲学的理論は国際教説の内容に対して権威をもつべきではない (Beitz 2009: 67)。彼によれば、現行人権教説がその成立時に人権を自然権の延長とはしなかったのは、人権教説の規範的範囲を限定してしまう「哲学的偏狭主義 (philosophical parochialism)」を避けるためだった (Beitz 2009: 67)。それと同様に、自然本性的構想のような哲学的理論を、「多様な適理的な視点からの支持」を得、「現代の国際的な生に適合的」であることを目指す国際人権教説に押し付けるべきではない、というのだ (Beitz 2009:

67-8）。これを，哲学的構想のドグマティズム批判と呼ぼう。

（2）受益者利益性へのベイツの批判に応答する：人権の機能，国際的行為発動要件，人権と偏狭性

第1の，人権機能への非応答性批判に対して，私は，自然本性的構想は受益者利益性の主張を堅守しつつ，以下のように応答できると考える。

第1に，ベイツにおける現行実践における人権の機能の認識についての事実的問題が指摘できる。ベイツは人権の機能を，排除的に国際的行為の引き金（トリガー）とみなすが，人権は国際的行為を発動させず国内的場面のみにおいて機能を果たすことがある。例えば労働への権利（世界人権宣言23条）はほぼ国内的にのみ機能を果たす権利──少なくともそれ（のみ）が国際的行為を発動させるとは考え難い──として承認されているだろうし（Schaber 2011: 63），家族や結社──必ずしも国境をまたいだ家族や多国籍企業であるわけではない──のような領域においてこそしばしば人権の言語が用いられていると見ることもできる（Etinson 2010: 446[36]）。

第2に，人権が国際的な行為の引き金として機能すべき，という規範的主張それ自体は，自然本性的構想も，人権が果たしうる一つの機能としてならば承認できる──それ以外にも人権は機能を持つべきとの認識を伴えば，という条件つきでではあれ（Nickel 2006; Nickel 2007）。人間にとって重要な諸利益が人権の基礎となるという受益者利益性の主張にとっては，国際的な行為それ自体がそのような諸利益の保護のための手段として潜在的に存在することは，望ましいことであって否定されることではない。

この点と関連して，第3に，受益者利益性の主張を採用しつつ，グローバル

---

[36] ベイツのように国際人権文書の機能に注視しつつ，それが国際的行為の正当化としてよりも国内的エンパワメントとして機能しているとみる Schaffer 2017: 41-4 も参照。なお，かつて Beitz 2001: 276 は，人権の機能の一つとして，「同国人（compatriots）による変革プログラムの正当化」を観察していた。しかし，Beitz 2003: 39-40, 44-5; Beitz 2004 では，人権の機能は国際的舞台における外的干渉の正当化として観察されるに至っている。この点に関し，ベイツは，グローバルな実践を形作るものとして「国内的・超国家的な政治ネットワークと社会運動」（Beitz 2013a: 29）が存在するとし，国内的主体も超国家的なネットワークと結びついていることを強調するかもしれないが，人権の言語を用いる国内的主体が常に超国家的主体による国際的行為と結びついていると想定する理由を見出すことは難しい。むしろ，国内的な改革の言語と，国際的な外部主体の言語は，相互に影響を与えつつも，それぞれの権利の内容ごとに緩やかに結びついていると捉えられ，その意味において，国際的行為と結びつくかを人権の存在条件とすることは人権の言語実践を適切に捉えているとは言い難い。

な政治的言説へ応答していくことも可能である。そもそも，グリフィンのような論者の場合，既に紹介したように現行の人権言語実践に適応する形で人間性に依拠する人権の抽象的権利を練り上げている（ボトムアップ・アプローチ）(Griffin 2008: ch. 2)。あるいは仮に，抽象的権利が，「現在のグローバルな政治的生における人権の役割」を参照することなしに練り上げられているとしても (e.g. Nussbaum 2006)，グローバルな —— ベイツが「グローバル」で意味することを企図しているのは国際的行為の発動に関わる側面である —— 政治的言説を含む人権言語実践に，人権の言語で達成を目指すべき望ましい目標(37)を提示できる。

　以上のことが示すのは，自然本性的構想が受益者利益性の主張を採用したとしても，抽象的権利の具体化において，受益者利益性の主張は（ベイツが認識するより広い形で）人権が機能を果たす社会状況に対し応答的な形でグローバルな政治的言説を導くことが可能であることであり，それが成功しないと予め想定する理由は思い当たらない。

　第2の批判，すなわち貢献問題不問化批判の検討に移ろう。この批判に対し，自然本性的構想は，受益者利益性の主張を堅持しつつ，彼が問えないとする（ⅰ）-（ⅲ）の問題について以下のように応答することができる。

　ベイツによる，（ⅰ）受益者利益性を主張しては外部主体による（国境を越える）行為の引き金が引かれるのに求められる国内における失敗の程度を問えない，という批判に関してまず指摘されるべきは，外部主体による行為の引き金が引かれるかは，事実的問題として，人権とされる利益・権利に関する国内の失敗（ある利益・権利の保護の失敗）のみによって決されてはいない，ということである。例えば，イラクでクルド人の大量殺戮が行われていたとしても——それがどんなに悲惨であっても——，そのことのみが外部主体による行為（例えば軍事干渉）の引き金となるべきだと判断されているわけではない。外部主体が考慮している理由は，問題となっている国の国内的な権利・利益の保護状況より他に多くあり，例えば，干渉が地域的不安定性を増すか否かといった考

---

(37)　ちなみに Beitz 2006→2012: 631 は，自然権をも含む「根本的道徳的権利 (fundamental moral rights)」について，それが「即座の充足 (immediate satisfaction)」を要求する定言的な性質を持つものとし，それは国際実践における人権の性質とは異なる，と批判しているが，なぜ根本的道徳的権利が，目標を提示する権利として存在しえないと彼が考えているのかについて（恣意的な規定を超えた）十分な説明はない。

〈論説〉　3　人権の哲学の対立において自然本性的構想を擁護する〔木山幸輔〕

慮が，斟酌されている。近年でも，対イラク侵攻時の英国首相T・ブレアは，対イラク戦争に関する公聴会レポート（チルコット・レポート）において，フセイン政権下イラクはそこでの人権違背にもかかわらず地域的安定性への脅威とはなっておらず侵攻されるべきではなかったと批判され，彼は謝罪することとなった（BBC 6. July. 2016）。事実的な事柄として，人権が保護を企図する利益・権利に関する国内における保護の失敗は，国際的行為の発動において，考慮されうる1つの理由という地位にとどまっている。

　この，国際的行為の引き金が引かれるのかが，人権が保護を企図する利益・権利保護の国内における失敗の程度のみによって決されていない，という現状の指摘へは，ありうる2つの規範的立場があるだろう。第1がその現状を否定的に受け止める道，第2がそれを擁護する道である。

　すなわち第1の道は，人権と外部主体の行為の引き金としての役割の結びつきを擁護すべし，という道であり，ベイツが自身の人権構想として2レヴェル・モデルを提示する際に採用しているものである。しかし，この道は採用されるべきではない。問題は，人権の言語が外部主体の行為を導くことを企図しつつも，当の人権内容となる権利・利益自体が外部主体の行為に関連する状況に規定されてしまうことにある。つまり，外部主体の諸行為がいずれもある権利の状況改善に有効でない場合，それから人権の資格が奪われてしまう。例えば，ある国Sにおいてある権利Rが保障されていないが，権利Rの保護を目的とした外部主体による行為 —— 例えば軍事干渉・経済制裁・外交官召還・非難声明 —— が，当該地域の安定性を掘り崩すと予想され —— 例えば国S及び周辺国からの外部主体への敵意を増幅させる見込みが大きいことによって ——，どのような外部主体もそのような行動を望ましいと判断しないような状況を想定しよう。この場合，権利Rは外部主体の行為の引き金となることはできず，従って，権利Rは人権ではない，という帰結が導かれることになる。ここで，国Sおよびその周辺国で宗教的過激派が権利Rのみならず，今後権利R'についての国際的行為に対してもそれを行う外部主体に暴力的に対処していくと表明しそれを現実に履行する能力も有しているとしよう。ここで人権と外部主体の行為の引き金の結びつきを堅守するなら，人権とみなされる権利の数が，宗教的過激派の判断によって減っていくこと —— Rのみならず R' も，さらには R" も人権ではなくなっていくこと —— が導かれてしまう。こうなると，外部主体の行為条件への人権の依拠は，人権の名において社会的現状を変革する —— それは

73

外部からのこともあれば内部からのこともある——潜勢力⁽³⁸⁾が人権から奪われてしまうことを意味する⁽³⁹⁾。

　以上のように，人権と外部主体の行為の引き金を結びつけることが擁護できないとすれば，我々は第2の道，すなわち，人権と外部主体の行為の引き金としての役割の結びつきを切り離すべし，とする道を選ぶしかない。そしてこの道を受益者利益性の主張を伴う自然本性的構想から捉えることは，第1の道と比して，以下のような意義・魅力を持つ。

　第1に，人権を外部主体の行為において用いられるものと排除的には捉えないことで，外部主体の行為よりも他の機能（国内的変革の機能）をも人権に与えることができ，現行の人権実践により忠実な理論化ができる。そして，受益者利益性の主張はこうした多様な機能を，人間の基本的な諸利益の保護という観点から導いていくことができる。

　これと関連して，第2に，現行世界においてのみならず，変化していく世界においても人権に関して望ましい行為を導くことができる。受益者利益性の主張は，穏当な場合で地域統合が進む場合でも，極端な場合で世界国家が成立しており国家の外部が存在しなくなった，あるいは悲惨な核戦争によって近代国家が成立しなくなった場合でさえ，人間の基本的な諸利益の保護に必要な行為の指針を提示できる。

　最後に，受益者利益性の主張を採ることで，「外部主体の行為の引き金」に至るレヴェルでの人権違背の「閾値」という問題に答えを出す必要がなくなる。まず確認すべきは，人権の欠損が「外部主体の行為の引き金が引かれること」に至るという発想は，人権についての「制度的構想」——ある制度（ベイツの場合には国家）単位で人権が保障されているか否かを判断する構想——を前提としている，ということである。すなわち，日本で私があなたを拷問したからといって，それが「外部主体の行為の引き金」となると思われないということ

---

(38)　この潜勢力は歴史的に常に人権に期待されてきたし，我々が「人権を尊重しよう／それが達成されていない」と述べるときに暗黙裡に認識されているものである。人権が歴史的に保って来た社会変革的な地位については，Sen 2004; Hunt 2007=2011を参照。

(39)　仮にこれへのベイツの応答として，彼の「生起的実践」という用語法にも現れるような，人権リストの安定性に対するオプティミズムを述べるならば，それは人権という言語の意味が深刻に問われるような現実の状況の生起に何ら応答できない，人権の言語実践にとっても危険なものである。

は，人権に関して「引き金」たるに求められる何らかの量的・質的閾値を設定せざるを得ないことを意味する（cf. Waldron 2013: 11-2; 木山2018）[40]。しかし，この閾値をどう設定することができるのか――人口1000万人の国S'は住民のうち何人の権利が誰によってどのような形で奪われていたら国際的行為の引き金となる人権違背と言えるのか――という明らかに応答が困難な問題[41]の表裏一体の問題として，制度的構想は，次のような問題をもつ。すなわち，ある人の同一の利益の侵害でも，人権違背として記述できるかできないかが，偶然的要因――例えば数――によって決されてしまうことによる，その人の訴えうる規範的言語の予測可能性の喪失である。例えば，レイシストである太郎が，S'国内で迫害対象とされつつある集団に属する花子に対し，その帰属を理由に，「他の迫害対象の居場所を探るための拷問として」腕を切り落とす行為に及んだとしよう。ここで腕を切り落とした／されたのが，太郎1人／花子1人である場合，「数」を重視する制度的構想の論者は，これを人権違背と看做さないだろう。しかし，同じ論者は，ある閾値を超える人数が拷問されたなら――例えばなんらかのレイシズムを煽る放送において，「他の迫害対象の居場所を探るために腕を切り落とすべし」，といった（ルワンダにおいて「ツチはゴキブリ」というフツと自認する一部の者がラジオ放送を用いて流布した表象のような形での）煽動が行われ，花子の帰属集団とみなされる多くの（閾値数以上の）者の腕が切り落とされるなら――，これは人権違背とみなされるとするだろう。ここからすれば，花子は，前者のケースでも後者のケースでも，一人の人間に同様に腕を切り落とされているのに，前者では人権違背ではなく，後者では人権違背である，という，（少なくともどのような言語によって不利益を訴えれば良いのかに関して）自らが訴えうる規範的言語の予測可能性を失うことになる。

---

(40) 制度主義陣営からしばしば提示されてきたのは，質的には「公務員による違背」（Pogge [2002] 2008: 64-5, Wenar 2005: 289）であり，量的には「恒常的な違背／蔓延する違背」（Rawls 1999: 38, 68）といったものである。このような，個々の諸権利に関してまず諸個人が責任・義務を負うような「相互行為的構想」とは区別される形での「制度的構想」については，Pogge [2002] 2008: 175-83を参照。

(41) なお，この点に関してL・ウェナーは，人権違背の閾値として「質」のみならず「量」を重視するT・ポッゲの議論を批判し，「公務員」による侵害という「質」的閾値のみとすべきとしているが（Wenar 2005: 289），しかし，ウェナーが人権と外部主体による干渉を結びつける以上（Wenar 2005: 288, 290），この質的基準が干渉に結びつくと考えることは，例えば問題となる拷問が日本の警察官の多数ではなくある地域の警察官数名によるものである場合を想起すれば，少なくとも自明とは言い難い。

そして，この問題を，人間（の一人としての花子）の利益ゆえに人権がもたれるとする受益者利益性の主張なら明示的に避けることができる。

以上，（ⅰ）へのベイツの批判に対する自然本性的構想の応答を示して来た。残るベイツの批判，すなわち（ⅱ）国際的行為をできる主体のうちで責任をもつ主体の選択，（ⅲ）それらの主体に付される行為理由の性質や要求度，という問題に，自然本性的構想が答えを与えられない，という批判には，実際に自然本性的構想から，国際的行為に責任を持つ主体の選択，また，その行為理由を導くことができることを示せばよいだろう。

まず確認されるべきは，ある人権の違背に責任をもつ主体の理論化の作業それ自体は，自然本性的構想においては，道徳的な理由付けを必要とする作業である，ということである。すなわち，責任主体としての「で・き・る・主体」の存在を人権が存在するための理論的前提とするベイツの政治的的構想に対して，自然本性的構想は，責任主体が「誰に割り当てられるべ・き・か・」を主題とする。例えば，人権のうちのある権利の重みは，その権利が危害によって侵害されている場合には完全義務として加害者に義務を課し，そうではない場合は，例えば能力といった考慮事項と合わさって不完全義務として誰か（家族，その人の住む国の政府，他国人，他国政府，地域機構など）に義務を課す，と捉えられる[(42)]。ここでは，危害や能力が当該権利への貢献の義務を持つ主体の選択，および，行為すべき理由を提示すると捉えられる。

そして，ベイツの構想ではなくむしろ自然本性的構想においてこそ，人権に関する諸主体の有効性が競合した時，つまり人権達成へ向けた有効な手段をもつ主体が複数存在し，それらの調停が待たれるような場合に，よりよく貢献の問題に対処しうる。つまり，ある人権に関し，その達成へ向けた手段を持つ国家や他組織（例えば超国家組織やNGOs，さらには国内において機能するNPO）が存在する時，それらの選択・組み合わせを「より有効な」目的（人権）達成の観点から評価できる[(43)]。例えば，国家の法廷に訴えても解決されない人権に関する問題の，欧州レヴェルの法廷での処理（Walker 2013: 55），個人通報制度を通じた国際機関での処理（阿部2008: 1章），あるいは個人によるNPO・NGO

---

(42) これは，グリフィンの「能力」を重視する構想（Griffin 2008: ch. 5）を不完全義務の構想としつつ，それに危害による生起する完全義務が先行するものとして再構成したものである。人権についての不完全義務と完全義務の捉え方については，例えばSen 2009を参照。

への寄付といった諸回路を，人間性により人権として保持される諸利益の達成を目的としつつ，その目的達成への効力から考えることができるわけである。これは，まず国家に責任をおき，次に国際社会に責任をおく，というベイツの2レヴェル・モデルではなしえないものである。

　さて，ベイツによる受益者利益依拠性への第3の批判，すなわち国際実践人権リストへの不足批判への応答に移ろう。この批判に対して自然本性的構想は，自身が国際人権文書それ自体に理論的前提として依拠しないからといって問題があるわけではない，と応答すべきである。問われるべきは，国際人権文書の人権は，人権として捉えられる「べきか」であって，理論の前提とすることは，実践独立性の主張へのベイツの批判の検討の際に指摘した，現行人権実践を前提視することに関する問題——実践への規範性付与の問題と実践の基礎の問題——を孕むだけである。仮にベイツが批判するようにグリフィンやヌスバウムのような論者の自然本性的構想が「適切な生活水準への権利」といったものを正当化できなくても（Beitz 2009: 67），そのことが，自然本性的構想を採用すべきではない理由とはならない。その時には，国際人権教説が人権としては正当化できない権利を含んでいる，というだけである。

　ベイツの第4の批判，すなわち哲学的構想のドグマティズム批判は，こうし

---

(43) こうした有効性の構想に関し，効力の測定基準（metric）やどの時点でのそれを観察するかは多様な理解に開かれている。こうした有効性の構想に関し現在それを体系的に展開することはできないが，効力の測定基準およびそれが計測されるべき時点の範囲は，問題となる権利の剥奪（違背状況）が生起する状況に依存すると思われる。例えば，その権利達成のための資源が限られている場合は，同一資源での権利の達成度合いという意味での「効率性」が重要な要素となるだろうし，あるいは問題となる権利の剥奪が断続的に起こる場合（例えば断続的に起こる軍閥によるある集団に属する人々の住居の襲撃を想定せよ），一定の時点の範囲を通じた提供される保護の「安定性」といった要素が重要となると思われる。こうした問題についての詳細な考察は今後の課題としたい（この点に注意を喚起頂いた匿名の査読者に感謝する）。とはいえ，指標やその計測される時点として何を採るにせよ，国家中心的なものは有効性の視点からは相対化されることに留意せよ。例えばM・ウォルツァーは，救済——人権に基づくような他国支援——の不完全義務が全ての人々に負われると捉えつつ，（一つには）有効性の観点から，その不完全義務は国家による支援としてなされるべきだとする（Walzer 2011a: 44; Walzer 2011b: 76-8）。ウォルツァーが国家に注視するのは，税金による資金調達や，労働者や兵士のような人的資源を確保して当該支援を行う際の有効性を国家に認めるからであるが（Walzer 2011b: 78），資源確保や支援の有効性の考慮それ自体が常に国家を他主体に対して優位に立たしめる訳ではない。例えば，救済に有効なNGOが国によってその機能を制約された事例として，ジンバブエにおける「地方農村発展協力機構」の事例（松本 2008：第5章）を参照せよ。

た応答を見越したものと捉えられる。すなわち，この批判は自然本性的構想のような哲学的教説を国際的人権教説に優位させるようなドグマティズムそれ自体が問題なのだ，とするのだ。これに対して，自然本性的構想は，以下のように応答すべきである。

第1に，すでに第Ⅲ節で論じたように，現行の国際教説それ自体も無から生まれたのではなく，哲学的資源に依拠していたはずである。同時に，国際人権教説の権威は，あくまでも限定されていたものであり，それを前提とするのは望まれる選択ではない。

第2に，現在存在する（人権諸文書を含む）実定法の教説自体が，常に正当化を必要とする。例えば，人権の言語について，恒常的に提起される異論は，それに応答する理論的基礎を必要とするはずである。例えば人権は，西洋外の価値を反映していない文化的に偏狭的なものだ，という異論を考えてみよう[44]。ベイツが，自身の実践的構想が，文化的偏狭性の問いとは独立に人権を構想しうる，と想定する時（cf. Beitz 2001: 270, 276, 279-80），それは諸権利への批判に，自身の2レヴェル・モデルにおいて，なんらかの文化に偏狭的な語彙を用いずに応答しうる，という想定によってである。確かに，具体的な権利の人権としての資格の存否について彼の提示する4条件は，文化的に偏狭であるわけではない。しかし，批判者は同時に，ベイツの人権構想の基礎となる「生起的実践」を構成する人権諸文書それ自体が文化的に偏狭であると批判しうる（しなされてきた）。このような批判に応答したいのであれば，現在存在する人権諸文書の擁護・修正の主張それ自体が必要となる。ここにおいて，自然本性的構想は，「実定法に内在しつつその歪みや不完全性を批判する原理」[45]を提示するものとして抽象的権利を提示し，その擁護・修正を導いていくことができる。

そして，第3に，そうした自然本性的構想が依拠する価値（抽象的権利）が哲学的に偏狭なものかは，自然法的構想のうちで，どのような構想を採用するか次第である[46]。確かに，ベイツの批判するJ・グリフィンやM・ヌスバウムは，その提示する価値が偏狭的なものだとして批判されてきたが（この種の

---

(44) このような異論が人権に対して示されて来た歴史については，例えば小林・樋口編 1999，森田 2005: 36-7 を参照。
(45) 山本 2013: 236, 註32が自然法論について用いている表現を借用した。同様の自然法論への見解としてヨンパルト 2011。

グリフィンへの批判として Raz 2010: 325; Forst 2012: 90; Miller 2014: 157、ヌスバウムへの批判として Okin 2003; コーネル2003)、例えば(文化的に横断的な)人間のニーズの構想（Miller 2007; Miller 2014) や、それぞれの共同体における公共的相互承認のために必要となる諸利益を人権と捉える構想（Eddy 2007; Valentini 2012b)は、文化的な偏狭性から明確に独立した形で人権を正当化しようとする。人権理論における有力選択肢としてのこれらを封じ込めて自然本性的構想は文化的に偏狭的だと断じるべきではない。人間に共通の道徳的に重要な諸利益を、共有が適理的に期待できない哲学的・道徳的世界観とは独立に構想することは可能なはずだからだ（Liao & Etinson 2012: 335-6）。

以上、受益者利益性の主張へのベイツの4つの批判に対して自然本性的構想が応答しうることを示した。

2 貢献の自然的理由性へのベイツの批判と応答：一般的権利、特別的権利、自然権

貢献の自然的理由性の主張[47]は、ベイツによれば、以下のような形をとる。

貢献の自然的理由性：「自然権〔のように捉えられた人権〕の権利請求（claim）の名宛人（addressee）は、その権利を尊重する「自然的」理由を有する——つまり、権利請求者との関係のどのような偶然的諸性質からも独立に存在する理由である」（Beitz 2009: 60）

これは、人権への貢献者（contributors）ないし供給者（suppliers）のパースペクティヴから人間性依拠性の主張を捉えたものであり、その特質は、権利要求の名宛人が、権利を尊重する「自然的」理由をもつという想定にある（Beitz 2009: 60, 68)。

---

(46) 人権への偏狭性批判の多様な諸相については Buchanan 2010: ch. 4 を参照。ブキャナンは偏狭性批判を、「人権と呼ばれるものは、すべての個人の権利であるという意味での普遍性を実際には標榜できない。むしろ人権は、(1) 恣意的に制限された一連の道徳的価値の集まりか、あるいは (2) ある道徳的価値の恣意的なランキングを反映しているにすぎない」という批判として定式化しつつ（Buchanan 2010: 72)、その多様な側面の分析を行っている。ベイツの文章からは、特定の文化的・哲学的世界観に基づくという側面に焦点を置いて彼がこの批判をなしていることを読み取りうる。
(47) ベイツ自身はこれを、サプライ・サイドの自然本性主義と名付けている。

ベイツのこれへの批判は，貢献の自然的理由性の主張においては，H・L・A・ハートのいう，一般的権利（general rights），すなわち全ての人に義務を課す権利として人権が捉えられているが，人権は，社会関係に帰属する特別的権利（special rights）として捉えられるべきだ，というものである。「もし人権が，それがハートの意味で一般的である場合に限り，人間であること「それ自体で」あるいは「単にその人間性ゆえに」人々に属すると言われうるなら，国際教説で承認される諸権利の多くが，疑わしく見えることになる──特に経済的・社会的権利において疑わしい」（Beitz 2009: 69）。ベイツのみるところ，貢献の自然的理由性の主張においては，人権は，人々のとり結ぶ偶然的な取引・関係（transactions and relationships）に依拠しない形で，供給・貢献の理由が存在すると捉えられる（Beitz 2003: 42; Beitz 2009: 70）。しかし，ベイツによれば，これでは，「なぜその権利を尊重したり保護したりする立場（position）にいる主体は，そうすべきなのか」（Beitz 2009: 70）という問いに十分に答えることはできない。権利を満たすための資源を誰が提供すべきか，そしてなぜ誰かがそれを提供する理由を持つか，といった問いは権利請求者（claimant）と特別の取引・関係がなければ答えがたい，というのだ（Beitz 2003: 43; Beitz 2009: 70）。ベイツは，例えば，適切な生活水準への権利を例にとり，その実現のための資源の源泉，誰かがそれを提供すべき理由は，人々の社会関係についての考慮を必要とするだろう，という（Beitz 2009: 70; cf. Beitz 2003: 42-3; Beitz 2007→2012: 633-5）。

　以上のように，ベイツは，人権は全ての人に義務を課す権利としての一般的権利としてではなく，社会関係に帰属する特別的権利として理解される，と論じる。彼によれば，人権はそのように理解されるのみならず，人権と一般的権利の同一化には抗うべきである(48)。この一般化をとる場合，「その権利〔人権〕

---

(48) ベイツは，本文中で述べる理由に加え，一般的権利が複数成立する可能性を貢献の自然的理由性の主張が考慮に入れられない，ということもそれを棄却すべき理由だとしている（Beitz 2009: 71）。ベイツは，ロック流の他者の財の余剰分への権利（right to the surplussage）がハート流の「平等な自由への権利」ではなく生存ニーズの緊急性に依拠しており双方とも一般的権利として成立する可能性を述べるが──のちにふれるように私は平等な自由への権利は一般的権利ではなく自然権であると考えるがここでは問わない──，多数の一般的権利の調停を自然本性的構想で成し得ないと想定する必要はないと思われるし，ベイツ自身本文で述べる理由のみが貢献の自然的理由性の主張を完全に放棄すべき理由となるとしていることから，本稿では検討を行わない。

の充足に貢献すべき理由は，人々の社会諸関係から独立した人間性の考慮から引き出される」という考え方がとられる (Beitz 2009: 71)。しかし，これは全く自明ではない。なぜなら，ある人権——特に経済的権利——は，特別的権利のカテゴリー——例えば「人々の国内社会におけるメンバーシップやグローバル政治経済への参加者としての関係によって生まれる権利」——として，あるいは，例えば人間性，互恵性，補償 (compensation) といった倫理的考慮が組み合わされた中での政治的結論として理解されるかもしれないからだ (Beitz 2003: 43; Beitz 2004: 199-200; Beitz 2009: 72)。これらの特別的権利が，ほとんど世界中の全ての人々に主張されうるようなものとなりうるにもかかわらず，人権を一般的権利と同一視することは，特別的権利が人権内容を適切に説明する可能性を恣意的に排除してしまうことになる (Beitz 2003: 43; Beitz 2009: 72)。

（2）貢献の自然的理由性へのベイツの批判に応答する：国家の位置，自然権の位置

以上の批判，すなわち第1の，貢献の自然的理由性の主張では，誰が権利保障に責任を持つのか明らかにできず，むしろそれは社会的関係によって規定される，という批判，第2の，貢献の自然的理由性の主張は特別的権利が全ての人の人権を適切に説明する可能性を排除している，という批判に，自然本性的構想はどのように応答できるだろうか。

まず，第1の，誰が権利保障に責任を持つのか明らかにできず，むしろそれは社会的関係によって規定される，という点については，自然本性的構想は，多くの場合権利保障への責任が社会的関係によって規定されるということを否定しない，と応答することができる。確かに，貢献の自然的理由性の主張においては，人権への根本的な義務の担い手は全ての個々の諸個人であると捉えられるが，人権保障に有効な制度（例えば国家の制度），あるいは組織体（例えばNGOs）が存在する場合には——あるいはそれらが人権保障のために有効であるがゆえに設立された場合には——，それらが主たる権利保障の担い手として捉えられる (cf. Griffin 2008: ch.5)。P・ギラバートに倣い餓死のおそれのある者の救済の責任を考えるなら，それは多くの場合政府にあることになるだろうが，それは国家が「根本的な義務の担い手 (fundamental duty-bearer)」であるからではなく，単に，国家の諸制度という社会的関係が多くの場合で生存権保障に効率がよいから，というだけのことである (Gilabert 2011: 455-6)。

さらに言えば，多くの場合の外部には，権利の保障について，社会的関係を

理由とする責任の割当よりも，個々の諸個人が責任を負うことのほうが当該権利保障に関して有効である場合が存在する。ベイツの2レヴェル・モデルが，国家に人権保障の第1の責を，国際社会に第2の責を置くとき，彼は，社会関係の第一義的関係として，国家を捉えていると言えるだろう。しかし，国家内部の人権保障についてさえ，国家の諸制度を通じる回路よりも，諸個人の行為の回路の方が有効でありうる。例えば，ベイツが人権と認める「適切な生活水準への権利」の中核にあると考えられる生存権について考えよう。国S"では，統計で認められるだけでも依然毎年数十件の「食料の不足」による死亡（餓死）が生起しており，これを生存権の違背状況とみることにしよう。そして今，餓死を防ぐために，以下のような政府を通じた支援とNPOを通じた支援の2つの回路があるとしよう。一方の政府を通じた支援については，予見される数十年においてはベーシック・インカムのような普遍主義的生活保障をなすことが財源の制約上困難であるとの学術的・国民的合意があり，生活保護のような貧困（飢餓）捕捉率を低くさせるスティグマ付与を伴う選別主義的生活保障政策のみが実行可能であるとされる。他方のNPOは同じく財源に乏しいが，飢餓を炊き出しなどのスティグマ付与を回避しうる方策にて避けうる[49]。この時，生存権の保障のために，S"に住む市民Cがなんらかの行為をしうるとしよう。そしてこのケースでは，Cは国家を通じた行為 ── 例えばベーシック・インカム導入の市民としての支持とそれにむけた課税の承認 ── よりも，NPOへの支援などの行為によってこそ（少なくとも予見される年数においては）餓死数を減らすことができる。ベイツは，T・ポッゲの議論に倣い，権利保障への諸個人の義務は，「より基礎的な制度的諸要請の派生物（derivative）」にすぎないとするが（Beitz 2007→2012: 631, cf. Pogge [2002] 2008: ch. 2），この仮想事例が含意するのは，制度化されるわけではない道徳的義務を人間が有することが，権利をより有効に，つまりより効力を持つ手段で保障するために重要でありうる，ということである[50]。

第2の，特別的権利が人権を説明する可能性を排除している，という批判に

---

(49) ここに現実とは乖離した少なくとも2つの単純化があることに注意せよ。第1に，現実には人々が食料の不足に陥るのは単純な直接的な食料給付の欠如によるというより食料へのアクセスに至る多様な回路 ── 湯浅誠の表現を用いれば多様な「溜め」（湯浅2008）── の欠如によるものとみられるだろう。第2に，日本における平成24年の改正NPO法におけるNPOへの原資寄付に対する税制優遇に見られるように，NPOは実際にはしばしば政府の施策と相互影響を持つだろう。

ついては，自然本性的構想は，自身が提示する抽象的権利は，一般的権利の位

---

(50) 以上の議論に対し，匿名査読者より，この仮想事例においても市民だけでなく国家（政府）もNPOへの資金拠出などを通じて人権を保障する義務があるのではないか，との疑義が寄せられた。この事例に即して簡単に応答しておきたい。まずここでは，自然本性的構想も，市民の人権への義務の多くが政府の義務によって「ある程度」，あるいは「多くの場合において」代行されることを承認すると想定しよう── 私はこの想定は自然本性的構想の適切な立場だと考える（前掲註(32)）。しかし，常に国家ないし政府によるNPOに対する支援が望ましいわけではない。これには，少なくとも以下の（a）（b）のケースがありうるだろう。
（a）当該権利達成とは直接関連しない理由から，国家（政府）拠出が望ましくない場合
　まず，（炊き出しを行うような）NPOは，（飢餓の不在のような）権利達成において重要であるのみならず，例えば「現在の資源・財の分配状況を問題化」していくような政治的行為とも（多くの場合で関連しているし）関連しうる（齋藤2000: 86）。そして，国家の現行施策における貧困者に関する諸想定への異議申し立てのような政治的行為が重要であるとすれば，政府によるNPO支援は，NPOが支援を受けられなくなることをおそれる萎縮効果によって，NPOから政府へのそうした異議申し立ての実質的選択肢を縮減させてしまいうる。こうした状況が望ましくないとすれば，当該権利達成とは直接関連しない理由から，国家（政府）拠出は望ましくなく，むしろ，政府を通じた場合と同量の資源投入によるNPO支援は，個人などから国家を通じずなされた方がよい場合がある。（もちろん，支援されるNPO選別の回路を市民オンブズマンに委ねるなど，異議申し立ての実質的回路を保全する構想も可能であるが，少なくとも上記の可能性が含意するのは，常に国家の拠出が望ましいわけではないことである。）
（b）当該権利達成のための資源が国家（政府）を介することが望ましくない場合
　次に，NPOに対する国家の施策が，特に道徳的に問題を生む形で実施されると考えられる場合がある。例えば，国S"の政府は，特定の集団の権利・利益状況を重視し，別の集団の権利・利益状況を考慮に入れないかもしれない。例えば，アフリカ研究においてよく知られるP・エケーの議論は，特にナイジェリアを念頭に，国家の政府を中心に存在する市民的公共領域が，エスニック集団の範囲に限定された原初的公共領域に便益を供与するものとしてのみ捉えられ，強いエスニック集団によって支配される市民的公共領域は，弱いエスニック集団の利益・権利にほとんど関心を示さないと論じた（Ekeh 1975: 108-10）。このような，政府の提供する財・サービスが特定集団に偏向してなされるような状況があるなら，当然，問題となる権利達成に向けたNPOに対する国家の支援も，政府の背景となる集団より他の集団の支援をなすNPOへなされるとは想定しづらいこととなる。こうした場合，少なくとも近未来の権利保護からは，国家ではなくNPOなどへの直接的な支援の方が問題となる権利享受を，有効に，例えば「より安定的に」「より効率的に」もたらすと推論される。（もちろん，こうした場合でも，仮により不偏的にNPOに支援をなす集権的国家構築が望ましいとすれば ── とはいえ近年アフリカ研究において異論も多く，集権的国家ではなくエスニック集団の自律性を重視した連邦制への評価もなされているが（cf. Ssalli 2017）──，権利保障に有効な国家の設立，あるいはそうした国家へとむけた変革をなす義務があるとされるだろう（ロールズ流の自然本性的義務（の一側面）を受容するのであれば）。そうした場合でも，少なくとも問題となる権利達成のための支援が当面の間は国家を通じることが望ましくないと予想される場合，国家・政府の変革の義務が承認されるとともに，権利達成の回路は国家を通じない回路に求められるべきであろう。）

相ではなく，一般的権利も，特別的権利も依拠せざるを得ない位相，すなわちハートが自然権と呼んだものの位相にあるのだ，と応答することができる。ここでの議論に必要な限りでハートにおける特別的権利，一般的権利，自然権に関する議論を確認しよう。ハートにおいては，特別的権利の主張は「他者の自由を制限する特別の条件が存在する場合にそれから生まれる権利を主張すること」として，一般的権利の主張は「他者の自由を制限する特別の条件が存在しない場合に全員の平等な権利を主張すること」として定式化される（Hart 1955: 188 = 1987: 27）。そして，ハートの主張の概要は，前者の特別的権利の主張は，「全ての人間の自由への平等な権利」（Hart 1955: 175 = 1987: 9）を間接的に援用し，後者の一般的権利の主張はそれを直接的に援用している，ということであった。つまり，一方の特別的権利は，それに先行する取引や関係によって形作られるが，それらの取引や関係——ハートは約束・同意・制約の相互性・自然的関係を挙げる——が形作られるのは，その参与者たちにより「全ての人間の自由であることの平等な権利」が行使されたためである。だから，特別的権利は，「全ての人間の自由であることへの平等な権利」を前提とする（Hart 1955: 190-191 = 1987: 30-31）。そして他方の一般的権利が，特別的権利のように取引や関係を介することなしに全ての他者にその人の自由に介入しない責務を課すのは，「全ての人間の自由であることの平等な権利」の直接的な要請によって，である（Hart 1955: 188 = 1987: 27）。こうしてハートは，特別的権利・一般的権利が存在するなら，それらの依拠する「全ての人間の自由への平等な権利」が，自然権——ある社会のメンバーであることによって，あるいはある特別な関係にあることによってもたらされるのでも，人間の自発的な行為によって創出されるのでもない全ての人間が人間としてもつ権利——の一つとして存在するはずだ，と論じた（Hart 1955: 175-6 = 1987: 9-10）。

さて，ここで我々は，ベイツのように，貢献の自然的理由性の主張を人権と一般的権利を同一視しているものとしてみる解釈——彼はその同一視の適切性についてほとんど語っていないように思われる[51]——を採る必要はない，と主張できる。ここで確認されなければならないのは，貢献の自然的理由性の主張において述べられた「権利請求者との関係のどのような偶然的諸性質からも

---

(51) ベイツは，自然本性的構想の限られた例——例えばP・ジョーンズの議論——から一般的権利として人権が捉えられていると即断しているにすぎず，そうでない自然本性的構想の可能性についての吟味を欠いている（Beitz 2003: 42, Beitz 2009: 69）。

独立に存在する理由」は，一般的権利により生み出される理由それ自体として理解されうるのみでなく，一般的権利もそこから導かれる権利に基づく理由だと理解されることも可能だということである。ハートにおいては，権利請求者との関係に依存する特別的権利も，そのような関係を抜きに全員に権利請求者の権利への不介入を求める一般的権利も，「強制や制約の行使を差し控えること」（Hart 1955: 175 = 1987: 9）を全ての他者に課す自然権（「全ての人間の自由であることへの平等な権利」）から導かれると論じられたのであった。ここで，「権利請求者との関係のどのような偶然的諸性質からも独立に存在する理由」を生起させているのは，一般的権利のみならず，自然権も，である。

そして，自然本性的構想は，ハートの採る権利の選択説，つまりある者Xが権利をもつとは他者Yの行為の選択の自由を制限することだとみる構想（cf. Hart 1955: 180 = 1987: 16）を必ずしも採用する必要はない——だからハートが述べる全ての人間の自由であることへの平等な権利以外を自然権として想定してもよい。しかし自然本性的構想はハートと同様に，自然権——本稿の場合には抽象的権利が当たる——が直接に全ての人に義務を課すとしつつも，それらの自然権から生起した何らかの関係・取引が有効に存在する場合には，そのような関係における義務が重視され，そのような関係の外部には，自然権から直接に全ての人に義務が課される領域を想定することができる。

そして，これは既に述べた，一般に有効とされる関係・取引——例えば国家との社会契約的関係・取引——において権利が有効に保障されていない場合，全ての人に義務が課される外部領域が再度引き戻され，国家と協同的な形で，場合によっては独立した形で，個人に当該権利の実現に向けた行為義務が生起することを，適切に説明できる。

以上のように，貢献の自然的理由性へのベイツの批判に対して，自然本性的構想はそれを放棄することなく応答することができる。

Ⅶ　結　論

以上本稿では，ベイツの自然本性的構想への批判，すなわち，自然本性的構想における人権の実践独立性・前制度性・全時空性・人間性依拠性という4主張への批判を，それぞれ検討してきた。本稿の考察が適切であるとすれば，それは以下のようなことを意味することになる。

第1に，特に政治的構想が影響力を増してきたという文脈において，政治的構想の優位性が大きく削がれることになる。これは，次のような弱い意味，および強い意味において説明できよう。まず，弱い意味における優位性の喪失として，政治的構想は，自然本性的構想との比較において優位性を保持できない。例えば，自然本性的構想は，人権（抽象的権利）の通時性の主張の維持，抽象的権利からの広範な具体的権利の提示，あるいは（ハートのいう）自然権的に捉えられた抽象的権利からの権利保障責任の提示が可能であって，政治的構想からの批判の実質的意義が低減される。次に，強い意味における政治的構想の優位性の喪失として，ベイツの政治的構想がいくつかの重大な問題を孕む可能性も示唆される。例えば，以下のような問題である。すなわち，政治的構想の構築にあたり，人権実践の成立の事実性に依拠することが，実践への（顕在的・潜在的）不合意者の存在にも関わらずそれを権威化することとなるとともに，問われるべき実践の基礎を問えなくなることと結びつくという問題。あるいは，ベイツによる人権の機能の観察，すなわち国際的行為の引き金としての観察それ自体が適切ではなく，それに固執するなら制度主義の孕む難点，例えば個人が訴えうる規範的言語の予測可能性の喪失が招かれるという問題である。こうした強い意味における政治的構想の優位性の喪失は，そもそもの2レヴェル・モデルのような，人権を国際的舞台で特殊に機能するものと描く政治的構想の基本的発想それ自体が疑義に晒されることを意味する。

　第2に，現代世界における，国際的場面における人権の言語の使用の拡大，という状況下でも，国際的場面における現実に，（国内的場面と同様に）自然本性的構想は適切に応答することができる。例えば，抽象的権利としての，あるいはそこから導かれる重要な諸利益が侵されている場合，そうした状況を人々の訴えうる規範的言語の予測可能性を保持した形で人権違背としうる。そして（ハートのいう）自然権に対応するものとしての抽象的権利の保障責任は，有効とされる関係が存在している場合においてはそこでの義務が重視され，そのような関係の外部では直接に全ての人に義務が課される形で負われると捉えることができる。そうした義務は，利益の保護の手段として必要かつ望ましい場合には，国内的行為とともに国際的行為を求め，貢献しうる諸主体に対して，当該利益保護達成のための有効性の観点から貢献の割り当てをなすだろう。

　こうしたことを踏まえれば，人権の哲学の対立において，自然本性的構想を拒絶する理由は乏しく，我々の人権に関する推論は，依然としてその構想に沿っ

て行われることが推奨される。これが本稿の示唆する結論である。

参考文献
※外語文献について邦訳が存在するものは邦訳文献を適宜参照したが，それと異なる訳文・訳語の選択を行なっている場合がある。

American Anthropological Association (The Executive Board) (1947) "Statement on Human Rights," *American Anthropologist: New Series*, Vol. 49, No. 4, Part 1, pp. 539-543.

Arendt, Hannah ([1951] 1973) *The Origins of Totalitarianism: New Edition with Added Prefaces*, New York: A Harvest Book/Harcourt.=(1972) 大島通義・大島かおり訳『全体主義の起源2 帝国主義』みすず書房。

Barry, Chirstian & Nicholas Southwood (2011) "What Is Special About Human Rights?" *Ethics & International Affairs*, Vol. 25, Issue 03, pp. 369-383.

Beitz, Charles (1979) *Political Theory and International Relations*, Princeton: Princeton University Press.=(1989) 進藤榮一訳『国際秩序と正義』岩波書店。

Beitz, Charles (2001) "Human Rights as a Common Concern," *American Political Science Review*, Vol. 95, No. 2, pp. 269-282.

Beitz, Charles (2003) "What Human Rights Mean," *Daedalus*, Vol. 132, No. 1, pp. 36-46.

Beitz, Charles (2004) "Human Rights and the Law of Peoples," in Deen Chatterjee (ed), *The Ethics of Assistance: Morality and the Distant Needy*, Cambridge: Cambridge University Press, pp. 193-214.

Beitz, Charles (2007→2012) "Human Rights," in Robert E. Goodin, Philip Pettit, and Thomas Pogge (eds.), *A Companion to Contemporary Political Philosophy*, Oxford: Blackwell Publishing, pp. 628-637.

Beitz, Charles (2009) *The Idea of Human Rights*, Oxford: Oxford University Press.

Beitz, Charles (2013a) "From Practice to Theory," *Constellations*, Volume 20, Number 1, pp. 27-37.

Beitz, Charles (2013b) "Human Dignity in the Theory of Human Rights: Nothing But a Phrase?" *Philosophy & Public Affairs*, Vol. 41, No. 3, pp. 259-290.

Benhabib, Seyla (2004) *The Rights of Others: Aliens, Residents, and Citizens*, Cambridge: Cambridge University Press.=(2006) 向山恭一訳『他者の権利：外国人・居留民・市民』法政大学出版局。

Buchanan, Allen (2010) *Human Rights, Legitimacy, & the Use of Force*, Oxford: Oxford University Press.

Buchanan, Allen (2015) "Why International *Legal* Human Rights?" Rowan Cruft, S. Matthew Liao, Massimo Renzo (eds.), *Philosophical Foundations of Human Rights*, Oxford: Oxford University Press, pp. 244-262.

Chomsky, Noam (1999) *The Umbrella of U.S. Power: The Universal Declaration of Human Rights and the Contradictions of U.S. Policy*, New York: Seven Stories Press.

Cohen, Jean L. (2008) "Rethinking Human Rights, Democracy, and Sovereignty in the Age of Globalization," *Political Theory*, Vol. 36, No. 4, pp. 578-606.

Crisp, Roger (2014) "Griffin on Human Rights: Form and Substance," Roger Crisp (ed.), *Griffin on Human Rights*, Oxford: Oxford University Press, pp. 142-151.

Cruft, Rowan, S. Matthew Liao, & Massimo Renzo (2015) "The Philosophical Foundations of Human Rights: An Overview," Rowan Cruft, S. Matthew Liao, Massimo Renzo (eds.), *Philosophical Foundations of Human Rights*, Oxford: Oxford University Press, pp. 1-41.

Dubow, Saul (2012) *South Africa's Struggle for Human Rights (Ohio Short Histories of Africa)*, Athens: Ohio University Press.

Eagle, Karen (2001) "From Skepticism to Embrace: Human Rights and the American Anthropological Association from 1947-1999," *Human Rights Quarterly*, Vol. 23, No. 3, pp. 536-559.

Eddy, Katherine (2007) "On Revaluing the Currency of Human Rights," *Politics, Philosophy & Economics*, Vol. 6, Issue 3, pp. 307-328.

Ekeh, Peter P (1975) "Colonialism and the Two Publics in Africa: A Theoretical Statement," *Comparative Studies in Society and History*, Vol. 17, pp. 91-112.

Etinson, Adam (2010) "To Be or Not to Be: Charles Beitz on the Philosophy of Human Rights," *Res Publica*, Vol. 16, pp. 441-448.

Etinson, Adam (ed.) (2018) *Human Rights: Moral or Political*, Oxford: Oxford University Press.

Finnis, John ([1980] 2011) *Natural Law and Natural Rights (Second Edition)*, Oxford: Oxford University Press.

Gilabert, Pablo (2011) "Humanist and Political Perspectives on Human Rights," *Political Theory*, Vol. 39, No. 4, pp. 439-467.

Gilabert, Pablo (2013) 'The Capability Approach and the Debate between Humanist and Political Perspectives on Human Rights: A Critical Summary,"

Human Rights Review, Vol. 14, No. 4, pp. 299-325.
Griffin, James (2008) *On Human Rights*, Oxford: Oxford University Press.
Griffin, James (2010) "Human Rights and the Autonomy of International Law," Samantha Besson & John Tasioulas (eds.) *The Philosophy of International Law*, Oxford: Oxford University Press, pp. 339-355.
Hart, H. L. A. (1955) "Are There Any Natural Rights?" *The Philosophical Review*, Vol. 64, No. 2, pp. 175-191. ＝ (1987) 小林公訳「自然権は存在するか」小林公・森村進訳『権利・功利・自由』木鐸社, 9-34頁。
Hunt, Lynn (2007) *Inventing Human Rights: A History*, New York: W. W. Norton. ＝(2011) 松浦義弘訳『人権を創造する』岩波書店。
Ignatieff, Michael (2001) *Human Rights as Politics and Idolatry* (edited by Amy Gutmann), Princeton: Princeton University Press.＝(2006) 添谷育志・金田耕一訳『人権の政治学』風行社。
Kukathas, Chandran (2006) "The Mirage of Global Justice," *Social Philosophy and Policy*, Vol. 23, Issue 1, pp. 1-28.
Liao, S. Matthew and Adam Etinson (2012) "Political and Naturalistic Conceptions of Human Rights: A False Polemic?" *Journal of Moral Philosophy*, Vol. 9, No. 3, pp. 327-52.
Maliks, Reidar and Johan Karlsson Schaffer (eds.) (2017) *Moral and Political Conceptions of Human Rights: Implications for Theory and Practice*, Cambridge: Cambridge University Press.
Mandle, Jon (2006) *Global Justice*, Cambridge: Polity.
Maritain, Jacque (1949a) "Introduction," in UNESCO (ed.), *Human Rights: Comments and Interpretations*, New York: Columbia University Press, pp. 9-17.＝(1951) 平和問題談話會譯「序」『人間の權利』岩波書店, 11-20頁。
Maritain, Jacque (1949b) "On the Philosophy of Human Rights," in UNESCO (ed.), *Human Rights: Comments and Interpretations*, New York: Columbia University Press, pp. 72-77.＝(1951) 平和問題談話會譯「人權の哲學的檢討」『人間の權利』岩波書店, 60-65頁。
Miller, David (2006) *National Responsibility and Global Justice*, Oxford: Oxford University Press.＝(2011) 富沢克・伊藤恭彦・長谷川一年・施光恒・竹島博之訳『国際正義とは何か：グローバル化とネーションとしての責任』風行社。
Miller, David (2014) "Personhood versus Human Needs as Grounds for Human Rights," in Roger Crisp (ed.), *Griffin on Human Rights*, Oxford: Oxford University Press, pp. 152-169.

Miller, David (2015) "Joseph Raz on Human Rights: A Critical Appraisal," in Rowan Cruft, S. Matthew Liao, Massimo Renzo (eds.), *Philosophical Foundations of Human Rights*, Oxford: Oxford University Press, pp. 232-243.

Müller, Luise Katharina (2017) "Rawls's Relational Conception of Human Rights," in Reidar Maliks and Johan Karlsson Schaffer (eds.), *Moral and Political Conceptions of Human Rights: Implications for Theory and Practice*, Cambridge: Cambridge University Press, pp. 58-76.

Nickel, James (2006) "Are Human Rights Mainly Implemented by Intervention?" in Rex Martin and David A. Reidy (eds.), *Rawls's Law of Peoples: A Realistic Utopia?* Oxford: Blackwell Publishing, pp. 263-277.

Nickel, James (2007) *Making Sense of Human Rights: Second Edition*, Oxford: Blackwell Publishing.

Nickel, James (2014) "Human Rights", Edward N. Zalta ed. *Stanford Encyclopedia of Philosophy* (https://plato.stanford.edu/entries/rights-human/) (accessed on 26 Sep 2017).

Nussbaum, Martha C (2006) *Frontiers of Justice: Disability, Nationality, Species Membership*, Cambridge: Harvard University Press.＝(2012) 神島裕子訳『正義のフロンティア：障碍者・外国人・動物という境界を越えて』法政大学出版局。

Nussbaum, Martha C (2011) *Creating Capabilities: The Human Development Approach*, Cambridge: The Belknap Press of Harvard University Press.

Okin, Susan M. (2003) "Poverty, Well-Being, and Gender: What Counts, Who's Heard?" *Philosophy and Public Affairs*, Vol. 31, No. 3, pp. 280-316.

Pogge, Thomas ([2002] 2008) *World Poverty and Human Rights: Cosmopolitan Responsibilities and Reforms 2nd Edition*, Cambridge: Polity.＝(2010) 立岩真也監訳『なぜ遠くの貧しい人への義務があるのか：世界的貧困と人権』生活書房。

Rawls, John (1993) "The Law of Peoples," Steven Shute & Susan Hurley (eds.) *On Human Rights: Oxford Amnesty Lectures 1993*, New York: Basic Books, pp. 41-82.＝(1998) 中島吉弘・松田あゆみ訳「万民の法」『人権について』みすず書房，51-101頁。

Rawls, John (1999) *The Law of Peoples with "The Idea of Public Reason Revisited,"* Cambridge: Harvard University Press.＝(2006) 中山竜一訳『万民の法』岩波書店。

Raz, Joseph (2010) "Human Rights without Foundations," in Samantha Besson & John Tasioulas (eds.), *The Philosophy of International Law*, Oxford: Oxford University Press, pp. 321-337.

Raz, Joseph (2010)→(2015) "Human Rights in the Emerging World Order,"in Rowan S Cruft, Matthew Liao, & Massimo Renzo (eds.), *Philosophical Foundations of Human Rights*, Oxford: Oxford University Press, pp. 217-231.

Reidy, David A (2006) "Political Authority and Human Rights," in Rex Martin and David A. Reidy (eds.), *Rawls's Law of Peoples: A Realistic Utopia?* Oxford: Blackwell Publishing, pp. 169-188.

Sen, Amartya (2004) "Elements of a Theory of Human Rights," *Philosophy and Public Affairs*, Vol. 32, No. 4 pp. 315-356.

Sen, Amartya (2009) *The Idea of Justice*, Cambridge: The Belknap Press of Harvard University Press.

Schaber, Peter (2012) "Human Rights Without Foundations?" in Gerhard Ernst and Jan-Christoph Heilinger (eds.), *The Philosophy of Human Rights: Contemporary Controversies*, Berlin/Boston: De Gruyter, pp. 61-72.

Schaffer Johan Karlsson (2017) "The Point of the Practice of Human Rights: International Concern or Domestic Empowerment?" in Reidar Maliks and Johan Karlsson Schaffer (eds.), *Moral and Political Conceptions of Human Rights: Implications for Theory and Practice*, Cambridge: Cambridge University Press, pp. 33-57.

Schaffer, Johan Karlsson and Reidar Maliks (2017) "Expanding the Debate on Moral and Political Approaches to the Philosophy of Human Rights," in Reidar Maliks and Johan Karlsson Schaffer (eds.), *Moral and Political Conceptions of Human Rights: Implications for Theory and Practice*, Cambridge: Cambridge University Press, pp. 1-12.

Shue, Henry ([1980] 1996) *Basic Rights: Subsistence, Affluence, and U.S. Foreign Policy Second Edition*, Princeton: Princeton University Press.

Ssalli, Vick (2017) "Ethnic Federalism in a Comparative Perspective: Implications for Uganda,"*Journal of Global Studies*, Vol. 7, pp. 93-108.

Tasioulas, John (2009) "The Moral Reality of Human Rights," in Thomas Pogge (ed.), *Freedom from Poverty as a Human Right: Who Owes What to the Very Poor*, Oxford: Oxford University Press, pp. 75-101.

Tasioulas, John (2012) "Human Rights," in Andrei Marmor (ed.), *The Routledge Companions to Philosophy of Law*, Abingdon: Routledge, pp. 348-363.

Valentini, Larura (2012a) "In What Sense Are Human Rights Political?' *Political Studies*, Vol. 60, Issue 1, pp. 180-94.

Valentini, Laura (2012b) "Human Rights, Freedom, and Political Authority," *Polit-*

ical Theory, Vol. 40, Issue 5, pp. 573-601.
Walker, Neil (2013) "Universal and Particularism in Human Rights," in Cindy Holder & David Reidy (eds.), *Human Rights: The Hard Questions*, Cambridge: Cambridge University Press, pp. 39-58.
Waldron, Jeremy (2013) "Human Rights: A Critique of the Raz/Rawls Approach," *New York University Public Law and Legal Theory Working Papers*, Paper 405, 1-21.
Walzer, Michael (2011a) "Achieving Global and Local Justice," *Dissent*, Vol. 58 No. 3, pp. 42-48.
Walzer, Michael (2011b) "On Humanitarianism: Is Helping Others Charity, or Duty, or Both?" *Foreign Affairs*, Vol. 90, No. 4, pp. 69-80.
Wenar, Leif (2005) "The Nature of Human Rights," Andreas Føllesdal and Thomas Pogge (eds.) *Real World Justice: Grounds, Principles, Human Rights, and Social Institutions*, Dordrecht: Springer, pp. 285-293.
Wenar, Leif (2016) *Blood Oil: Tyrants, Violence, and the Rules that Run the World*, Oxford: Oxford University Press.
Wolff, Jonathan (2011) *Ethics and Public Policy: A Philosophical Inquiry*, Abingdon: Routledge. ＝（2016）大澤津・原田健二朗訳『「正しい政策」がないならどうすべきか：政策のための哲学』勁草書房。
Woods, Kerri (2014) *Human Rights*, Hampshire: Palgrave Macmilan.

阿部浩己（2008）『抗う思想／平和を創る力』信山社。
宇佐美誠（2005）「グローバルな正義」ホセ・ヨンパルト・三島淑臣・長谷川晃編『法の理論』24号，67-93頁。
宇佐美誠（2008）「グローバルな正義・再論」ホセ・ヨンパルト・三島淑臣・長谷川晃・竹下賢編『法の理論』27号，97-123頁。
宇佐美誠（2014）「グローバルな生存権論」宇佐美誠編『グローバルな正義』勁草書房，3-26頁。
木山幸輔（2014）「グローバル世界における人権の導出：自然法アプローチと尊厳構想へ向かって」政治思想学会編『政治思想研究』第14号，201-233頁。
木山幸輔（2017）「J・ラズの人権構想の検討：人権の哲学の対立において」日本法哲学会編『法哲学年報』2016号，202-213頁。
木山幸輔（2018）「ロールズと人権の哲学」井上彰編『ロールズを読む』ナカニシヤ出版。
コーネル，ドゥルシア（2003）岡野八代訳「フェミニストの想像力：形姿・追悼の

権利・共通性」『現代思想』31巻1号，130-140頁。
齋藤純一（2000）『公共性』岩波書店。
齋藤純一（2011）「政治的権利としての人権」齋藤純一編『講座人権論の再定位4 人権の実現』法律文化社，3-26頁。
斉藤龍一郎（2011）「グローバルな人権の課題：途上国におけるHIV陽性者運動が明らかにしたこと」市野川容孝編『講座人権論の再定位1 人権の再問』法律文化社，3-24頁。
小林善彦・樋口陽一編（1999）『人権は「普遍」なのか：世界人権宣言の50年とこれから』岩波書店。
松本仁一（2008）『アフリカ・レポート：壊れる国，生きる人々』岩波新書。
松元雅和（2013）『平和主義とは何か』中公新書。
森田明彦（2005）『人権をひらく：チャールズ・テイラーとの対話』藤原書店。
山田肖子（2016）「SDG 4 形成過程の言説分析に基づくグローバル・ガバナンス再考」国際開発学会編『国際開発研究』Vol. 25, No. 1／2，17-33頁。
山本芳久（2013）『トマス・アクィナスにおける人格［ペルソナ］の存在論』知泉書館。
湯浅誠（2008）『反貧困：「すべり台社会」からの脱出』岩波新書。
ヨンパルト，ホセ（2011）『自然法と国際法：ホセ・ヨンパルト教授著作集』成文堂。

※本稿はJSPS科学研究費補助金17J01095（特別研究員奨励費：「人権基底的な開発倫理の構築：人権の根本的価値依拠形態と援助構想の規範理論的研究」）の助成による成果の一部である。
※本稿の修正において森政稔先生およびそのゼミ参加の諸氏，現代規範理論研究会参加の先生方，峯陽一先生，井上浩朗氏，阿部崇史氏，そして匿名の査読者から有益な助言を頂いた。記して感謝する。

書　評

◆ 1 ◆

小林公『ウィリアム・オッカム研究』
（勁草書房, 2015年）

山 内 志 朗

1　第一部　法・政治思想
2　第二部　哲学・神学思想

小林公氏の『ウィリアム・オッカム研究』を読むと，峻厳にして困難極まる隘路を一人踏破する著者の姿が現れる。この書は比較を絶した高みにある研究なのである。ウィリアム・オッカム，哲学においても政治思想的にも大きな影響を及ぼした人物であることについては，異論がない大人物であるにもかかわらず，その思想の内実については「ノミナリズム（唯名論）」という，徹底的に不適切な命名によって，その姿は覆い隠されている。「ノミナリズム」という命名は，踏破しようとする人を拒絶する絶壁となってしまっている。これは途方もなく嘆かわしい状況である。小林氏はその状況を十分把握して，高山の難路を踏破された。その偉業に対して心から敬意を表する。そして，この著作の刊行は日本の西洋中世思想研究にとって記念すべき事柄である。

　本邦においてオッカム研究者は多くはないのだが，渋谷克美氏（1948-2009）という巨峰も存在した。渋谷氏は，オッカムの論理学関係の著作の邦訳に取り組み，『論理学大全』の邦訳をほとんど一人で完成した。このこともまた空前絶後の業績である。渋谷氏の業績を継承する若者が見当たらないことには哀切の念を持つ。しかし，この小林公氏の今回の労作は，心から喜ばしい。不思議なことに小林氏は，渋谷克美氏の仕事と接することがないようだ。お二人の仕事は，別世界の出来事として独立に営まれてきたが，にもかかわらず様々点で通底するところがあることを私は喜ぶ。いずれにしても，巨大な業績の跡に，これからなされるべき仕事を見出す訪問者が増えることを切望する。

　さて，ウィリアム・オッカム研究は，フランシスコ会研究所によって『オッカム哲学神学著作集』（*Opera Philosophica et Theologica*, 17 vols. 1967-88）が刊行されて画然たる進歩を遂げた。従来オッカムの立場はノミナリズムと整理され，西洋中世スコラ哲学の黄金時代を終焉に導き，宗教改革に結びつく混乱の創始者，懐疑主義者，破壊者として整理されることも多かった。かたや，近世の宗教改革の立場から見れば，オッカムは近代の起源として見ることもできる。いずれにしても，オッカムの思想上の位置は重要でありながら両義的であり，テキストの一見過激な主張もまた，丁寧に読み解くと，精緻な概念装置を控えていることが分かり，極めて扱いにくい思想家である。

　本論に入る。小林公『ウィリアム・オッカム研究』は，第一部が法・政治思想に関する四つの論文と翻訳，第二部は哲学・神学思想に関する六つの論文からなる。構成としては，第一部が，第一章「清貧と所有」，第二章「バイエル

ンのルートヴィヒとローマ教皇」，第三章「教会論」，第四章「世俗権力論」となっている。

また第二部は，第五章「直観的認識と抽象的認識」，第六章「関係論」，第七章「個と普遍」，第八章「神の予知　必然性　自由」，第九章「聖餐論」，第一〇章「神と自然法」から構成されている。

それぞれの論文の執筆年代はすべてについて銘記されてはいないが，第一章「清貧と所有」（『立教法学』第17号1976年），第二章「バイエルンのルートヴィヒとローマ教皇」（『立教法学』26号32号，1986年，1989年），第八章「神の予知　必然性　自由」（『立教法学』第65号，第66号，2004年，2005年），第九章「聖餐論」（『立教法学』第45号，1996年），第十章「神と自然法」（『立教法学』第21号，1983年）とあり，1976年という若い頃から，オッカムに関心を持たれていたことが分かる。

1　第一部　法・政治思想

小林氏がオッカムに興味を持つようになった参入の様子は，第一論文「清貧と所有」に伺える。小林氏は，「はじめに」で記されているように，中世から近世にかけての法思想の展開を研究している際に，近代的権利概念の形成がオッカムのノミナリズムに起因することを主張した論文に出会ったことであるという。〈ius〉という概念は，ギリシア以来の自然法思想においては自然的秩序に合致した客観的正しさを意味していたのに，14世紀ノミナリズムにおいては〈potestas〉つまり人間の主観的属性である力を意味するようになっていたのである。これは法的な規範の源泉が，外的な自然から人間の内的な領域に移行したことを意味する。これは神の無限性が，人間の内面へと取り込まれ，被造物の世界に無限を見出すことになる近代などとも結びつく。

この〈ノミナリズム転回〉への注目ということに見られる，小林氏の洞察力は瞠目すべきものであるし大きな共感を覚える。ノミナリズム（唯名論）については，途方もなく誤解が蔓延してきた。その整理としては，普遍についての恣意性，唯名性という整理に始まって，懐疑主義，二重真理説，唯信主義，極端な主意主義，絶対能力の重視などなど，様々な特徴付けがなされてきたのである。中世神学の牙城であるトマス神学への破壊者であることへの敵愾心，近代における宗教改革の源流としての憧れという，毀誉両面からの扇動によって，

オッカムの思想は統一性を得られにくいまま来てしまったように思われる。

　オッカム自身，オックスフォード大学総長ラッタレルの嫉妬と悪意と中傷によって，糾弾と弁護といった言説闘争に入り込んでしまったために，もともとスコラ的迂路によって議論を糊塗することを好まない彼の言説は未完成のまま放置されてしまったところがある。オッカムはヨハネス・ドゥンス・スコトゥスの忠実な解読者であり，ドゥンス・スコトゥスが躊躇いがちに自己の思想を語る際の慎重さを制御を取り除くだけの共感的理解を持っていたと思う。オッカムによるドゥンス・スコトゥス批判は，叱咤激励としての批判なのであって，思想の論駁としてあったのではないと私は思う。

　その見通しが正しいのかどうかは措くとしても，オッカムの思想の位置づけは，トマス・アクィナス，ドゥンス・スコトゥスとの対比においてのみ可能になることである。

　さて，以下各章の説明に書評に入っていくが，小林氏の論述は，自己の立論を徹底的に抑え，オッカムの思想を忠実に追いかけ，整理することに置かれているので，それを論評することは，簡単なことではない。小林氏の分析と論述を評価することは，別のオッカム像を持つ者が，自己の理解との距離を判定し，その上で評価していくことは可能であるかもしれないが，それも私には小林氏の業績に馴染む論評ではないと思われる。以下のところでは，小林氏の著述のごく大枠を描くことしか出来ない。また，この書評では立ち入ることはまったく出来ないことなのだが，詳細な註に込められた文献踏破の航跡は圧巻である。そこには，小林氏の様々な解釈や，研究書への評価や批判などが込められ，裨益されるところ大なる部分なのだが，それについてはここで通り過ぎるしかない。それぞれのトピックについての，研究史の流れや概要を知ろうと思う者は，註を見るだけでも数多くの知見が得られる。眼につかないようなところへの精力の傾注は，フランシスコ会の精神を継承したものではないかと感心してしまう。

　第一章「清貧と所有」は，小林氏がオッカム思想に参入していく様子を示す論文である。オッカムはフランシスコ会に属しており，フランシスコ会は，開祖フランシスコの理念，つまり清貧と従順と謙遜を基本精神とする托鉢修道会である。その修道会からは，グロステート，ロジャー・ベーコン，ドゥンス・スコトゥス，ペトルス・ヨハネス・オリヴィ，オッカムなど，近代思想の起源

〈書評〉　1　小林公『ウィリアム・オッカム研究』〔山内志朗〕

となるような独創的で革新的な思想家が現れている。オッカム思想の新しさが，フランシスコ会という革新を目指すというよりは，原始キリスト教団への回帰を目指す慎ましやかな運動を母体としていることは解明すべき論点を含んでいる。

　フランシスコ会の思想は，一見すると清貧の遵守というイエスの教えに帰ろうとする伝統志向的な運動にも見えるが，フィオーレのヨアキムの思想と結びついて，反カトリック教会という過激な思想をも醸成したことに伺えるように，隠遁した思想集団だったわけではない。

　オッカムの思想の起源としてのフランシスコ会の思想と，オッカムの関わり，そして反教皇の運動家としてのオッカムの構図が解明される必要がある。第一論文はそのことの闡明を目指すものである。

　ヨアキム主義は，フランシスコ会において，獅子身中の虫であり，その流れに近いスピリトゥアレ派とコンヴェンツアル派への分離の契機ともなった。総長ボナヴェントゥーラは清貧を重視しながら，過激な清貧論に陥らない工夫をせざるを得なかった。ボナヴェントゥーラは，財の保有形態を私的所有権（proprietas），占有権（possessio），用益権（ususfructus），単なる使用（simplex usus）に区分する。ボナヴェントゥーラは，フランシスコ会の清貧は「単なる使用」であると論じる。しかし，この「単なる使用」は，所有権の放棄に過ぎず，使用の制限は含まれていない。曖昧さが残る解釈であったが，オリヴィは，そういった清貧論を中途半端な者として斥け，清貧をさらに推し進める立場をとるようになった。

　清貧の問題は，フランシスコ会の基本精神を表すものであり，オッカムのノミナリズムもそれを支えにしていることは分かる。にもかかわらず，フランシスコ会の内部においてもオリヴィのような過激な立場もあれば，ボナヴェントゥーラのように穏健な立場もある。オッカムの立場が過激な清貧論でなかったのも関わらず，教皇と激しく対立せざるを得なくなっていった背景の探求が，著者のオッカムの研究の推進力になったものと思われる。

　第二章「バイエルンのルートヴィヒとローマ教皇」は，オッカムが1323年以降巻き込まれることとなったアヴィニョンのローマ教皇との対立，そしてその対立の最中オッカムを守ったバイエルンのルートヴィヒとの関係，ルートヴィヒとローマ教皇の政治的対立の姿を分析した論文である。オッカムと教皇との

対立の政治的な流れが描かれている。

　1323年オックスフォード総長ラッタレルによって異端告発の嫌疑がかけられ，アヴィニョンの教皇庁に赴かざるを得なくなったが，その異端告発の具体的内容を分析したのが，第九章「聖餐論」である。第二章ではその政治的背景の分析が主となっている。

　バイエルンのルートヴィヒと教皇ヨハネス二十二世（在位1316-1334）とは，フランス王フィリップ四世の影響下のもとで激しく対立する。1328年にはルートヴィヒがローマにおいて，ヨハネス二十二世の廃位を宣言し，対立は決定的となる。その後，曲折を経て，ルートヴィヒは市民の支援を失い，退却を余儀なくされる。

　同時期，チェゼーナのミカエルは，1316年にフランシスコ会の会長に選ばれていたが，清貧をめぐり，ヨハネス二十二世と激しく対立し，異端審問を要求されていた。1328年，アヴィニョンでの異端審問を受けるために同地に滞在していたオッカムと共に，庇護を求め，ピサにいたルートヴィヒに赴く。

　ルートヴィヒはドイツに帰還し，ヨハネス二十二世も1334年に死す。ルートヴィッヒは，その後ベネディクトゥス十二世（在位1334-1342）との和解の試みと挫折といった経緯が描かれる。その後の教皇クレメンス六世（在位1342-1352）との間でも対立は止むことなく，1347年ルートヴィヒの急死によって別の局面に入り，1356年にカール四世の下『黄金勅令』となって結実する，と第二章は締められている。

　第三章「教会論」は，第二章を引き継ぎ，オッカムの後半の人生を決定づける教皇庁との闘争の根底にある教会の権力構造を分析している。中世においては，教皇を頂点とする現実のカトリック教会以外に，普遍教会（ecclesia universalis），つまり俗人のキリスト教徒をも吹く信徒全体である普遍教会が存在し，それが最終的決定権を有し，そして不可謬であると考える流れも存在していた。これは，ヨアキム主義にあった，現実の肉的教会とは別に最終的救済に携わる霊的教会の思想の影響を強く受けたものと考えることができる。

　中世においては，権力の主体として，1）教皇，2）国王（特にフランス国王），3）公会議，4）普遍教会といった四つのものを想定できる。国王を中心とする世俗権力については，第四章「世俗権力論」で扱われるので，それは措くとして，第三章では，それを除く教会権力論の構図が描かれる。オッカムが不可

謬と考えていたのは,信徒全体である普遍教会であった。この論点は,オッカムの立場を,「公会議至上主義」や「教皇至上主義」から明確に区別し,浮き上がらせる重要な論点である。

　教皇派は,教皇には十全権力(plenitudo potestatis)が帰属すると述べる。つまり,教皇は世俗的事項と霊的事項の双方において神法と自然法に反しない限りすべてのことを行い命令する完全な権力を有しているというのである。しかし,オッカムによれば,教皇は世俗的事項において十全権力を有していないばかりでなく,霊的事項においても恣意的に信徒を拘束できるわけではない。

　オッカムは十全権力に関する五つの見解を提示する。教皇至上主義者から,教皇から全面的に権力を否定するパドゥアのマルシリウスの立場に至るまで諸見解を提示して,オッカム自身はマルシリウスの見解に代わる,中間的な見解を提示する。オッカムの立場は,位階的な教会制度が神的起源を持つことは認める一方で,教会の本質は正しい信仰を持つ信徒の集団である普遍教会にあると考え,キリストによって約束された不可謬性を制度的教会には否定して,普遍的教会に認めることであった。普遍教会は信徒の単なる寄せ集めではなく,累積で発展的に過程を有する,信徒の歴史的統一体なのである。そして,この普遍教会を構成する個々の信徒に眼差しを向ける。ここには,フランシスコの精神が脈々と流れている。

　第四章「世俗権力論」では,教皇権(sacerdotium)と世俗支配権・帝権(imperium)との関係が論じられる。ここでの問題は,教皇と世俗関係との優劣関係にとどまるのではなく,フランシスコ会の基本精神「清貧」も密接に関連してくるので,話は複雑になる。

　要点となる概念の一つはdominiumである。dominiumは「所有権」と「支配権」を意味する。それと連動するのが,「私的所有権(proprietas)」である。清貧が,世俗的事物への「私的所有権」は放棄したとしても,すべての支配権(dominium)を捨てたとは限らない。世俗的事物への支配関係は,世俗権力が世俗的なものに対して有する支配権=所有権dominium)の内実と結びついてくる。これは同時に,教皇による世俗的事物の私的所有は正当化という議論をも招き寄せる。つまり,フランシスコ会の「清貧」の問題が,教皇権が世俗権力とどのように関わるのか,また教皇権が一般信徒にたいしてどのような位置に立つのかといった,問題にも結びついてくる。

教皇派によれば，フランシスコ会が「単なる使用」を行っているにすぎず，私的所有は全面的に放棄したというのは欺瞞である。具体的な私的所有権は神に由来するものではないということをオッカムは指摘する。

この私的所有起源論を，オッカムは世俗的支配権の起源という別の脈絡で利用する。結論としては，世俗的支配は神に由来するものではなく，霊的な支配とは独立であるとされる。つまり，政教分離の側面が登場する。皇帝権や世俗的支配権を存在論的に基礎づけようとするのではなく，両者を独立に成立する権力としたのである。聖職者の世俗的支配者への独立性，霊的領域への聖俗的領域の独立性をオッカムは説き，世俗支配権の基礎を非神聖化したのである。これは政治的にきわめて重要な意義を有している。

この両者の独立に関する小林氏の論述は膨大であり（論文128頁，翻訳122頁），優に一書をなすだけの分量を備えている。オッカムが後半生をかけた政治的闘争の背景を描ききって余すところがない。

2　第二部　哲学・神学思想

第五章以降は，第二部哲学・神学思想の部門となる。この第二部は，認識論，関係論，普遍・個体論，自由論，聖餐論，自然法論とお互いにかなり独立性の強い論題が扱われている。いずれもオッカムの思想の特徴として重要な論点を扱ったものである。

これらのテーマが，認識論，論理学，存在論，神学，法学といったジャンルの中での位置づけを扱うものであるとなれば，途方もない作業が待ち構えることになり，それを避けて，それぞれの領域における重要なトピックに絞っての考究がなされている。オッカムの政治哲学となる重要な理論に関わっている。

第五章「直観的認識と抽象的認識」は，オッカムのノミナリズムの特徴となる直観的認識をめぐる議論を扱っている。ノミナリズムということでは，どうしてもオッカムの普遍論ということを考えてしまいがちだが，神の絶対的能力の強調とその頻繁なる使用の方が，オッカムの特徴を構成している。この「絶対的能力」の著しい使用が，直観的認識論に見出されるのである。

この直観的認識の歴史的位置づけを知るためには，トマスの抽象理論と，形象を介した認識論の説明から始めなければならない。その説明を小林氏は行っ

〈書評〉 1 小林公『ウィリアム・オッカム研究』〔山内志朗〕

ているが,ここでは省く。直観的認識は,存在するものを現前するものとして認識することである。この直観的認識は,後のイギリス経験論に継承され,経験的感覚認識の基礎モデルとなるものだが,直観的認識が成立するためには,対象は存在するものでなければならないと思われる。ところが,オッカムは非存在者に関する直観的認識の可能性を主張する。この主張は,外界認識の不可能性を導く懐疑主義,不可知論に陥るのではないかと考えられたこともある。ここで,オッカムは神の絶対的能力を援用することで,認識が成立するための因果的な連鎖が不可欠ではないと主張する。そこには,トマスの認識論が因果的連鎖を重視するために,その連鎖を以下に精密に再構成しようとしても,落差が必ずどこかに生じることを閑却しているという批判が込められている。

同じことになるのだが,精神の内部の概念が,絶対的なもの(res absoluta)であるという主張とも結びつく。オッカムにおいて,普遍は概念とされることになるのだが,そこには紆余曲折があり,オッカムは当初,普遍についてのfictum論(fictum=心的構成物),その後actus論(intellectus論とも言われる,ここでは知性作用=概念とする立場)に変わる。

その理論の詳細は紙数を要するものとなるが,ここで重要なのは,概念が絶対的なものと捉えられ,したがって外的な事物の世界と切り離されて論じられているということである。これは素朴な観念論を意味するのではない。

小林氏の整理を使えば,認識は「ものの実在と被実在に関して正しい判断を生み出すのにそれ自体で(quantum est ex se)十分であること,このことだけでそのような認識は直観的認識であり,そしてそのような力のない認識が抽象的認識なのである」(p.631f)。

さらに抽象的認識については,「オッカムは抽象的認識のこのような理解[=認識対象であるものが実在するか否かを明証的に認識することを知性に許さないような認識]をスコトゥスから援用したが,サラにこれはアヴィケンナの「本質」理解——すなわち実在と非実在を捨象した本質の理解——を抽象的認識へと適用したものとも言われ,オッカム自身は,抽象的認識のこの理解をアリストテレスの権威によって正当化している」(p.633)。

そして,この抽象的認識を構成する能力として,ハビトゥスが持ち出される。このハビトゥスの原因は不明確であるのだが,著者はこのハビトゥスが直感的認識を形成する上で重要な役割を果たすと述べて,章を閉じている。

第六章「関係論」もオッカム哲学においてはきわめて重要な論題である。オッカムはカテゴリー改革の試みを行い，実体と性質という二つのカテゴリー以外のものは不要であると論じるほど過激なカテゴリー論を有していた。その際，関係というカテゴリーも捨て去られ，絶対的なもの（res absluta）だけがカテゴリーを構成するとされる。したがって，関係の問題はオッカムの哲学にとって枢要点となる。この面についての研究も，本邦ではほとんど未踏であり，小林氏は独力で闡明を目指している。

　小林氏は，論究の発端をラッタレルによるオッカム批判から始める。ラッタレルが1323年に教皇庁に告発したオッカム理論の中には「関係」の客観的実在性を否定する見解が含まれていた。そこにはラッタレルによる誤読があるとはいえ，オッカムが関係を絶対的なもの（res absoluta）を意味する名辞であって，絶対的なもの以外には，ものの側には（a parte rei）いかなるものもないと考えたとされる。確かに，オッカムはアリスの立てた十個のカテゴリーのほとんどが余計であって，実体と，ここの実体が帯びる性質の二つだけが実在的で，絶対的なものとしてあって，それ以外の付帯性のカテゴリーに実在性を認めなかった。したがって，関係のカテゴリーも存在せず，神と被造物の関係を破壊する危険な思想とされたのである。関係論に関する分析も詳細を極め，難解であるのだが，素晴らしい論述である。

　第七章「個と普遍」は，オッカムの普遍論の核心が描かれている。一見すると，オッカムのノミナリズムの姿が明確には描かれていないように思う読者もいるかもしれない。しかし，この章の分析は的確である。私は高く評価する。普遍とは何かを論じることが普遍論争ではないのもかかわらず，そのような理解がまかり通っているが，問題の記述の仕方についても，私としては大いに賛意を表す。

　中世における普遍論争は，普遍が〈もの〉か名称かという問題では全くない。オッカムのノミナリズムも，普遍か名のみのものであるということでは全くない。普遍実在論を小林氏は「概念実在論」と呼んでいる。普遍概念の起源に関するものであるということでは，普遍論争の理解として誤ってはいない。起源がどこにあり，それがどのように記述されるのかということが，普遍論争なのである。

　このオッカムの普遍論についても，小林氏の記述を丁寧に紹介する余裕はな

〈書評〉　1　小林公『ウィリアム・オッカム研究』〔山内志朗〕

いのだが，要点となるのは，二つである。例えば，「白い」という語は，一次的には実体を意味し，そして二次的に白さという実体に帰属する性質を共意 (connotare) するという論点が強調されている。私もまた，オッカムのノミナリズムの核心の一つは，共意語の枠組みにあったと思う。共意語と理論によると，普遍に関する説明は，実体と性質という二つの絶対的なものによってのみ，記述できるので，普遍者を持ち出す必要はなくなるのである。意味 (significare) という記号作用と共意 (connotare) という記号作用によって，そして意味と代示 (suppositio) という記号作用によって，世界は記述されることになる。この世界の描き方の多層性にオッカム哲学の核心がある。なお，小林氏のこの書では，代示作用に関する分析はきわめて少ない。この代示作用については，本邦においても渋谷克美の『「大論理学」註解』（知泉書館）や，清水哲郎『オッカムの言語哲学』（勁草書房，1990年）もあり，十分に研究が進められ，解明も行き届いている分野であるので，小林氏が論述する必要もないところである。しかしながら，この『ウィリアム・オッカム研究』を読破しようとする読者は，代示に関する理論の枠組みを知らないわけにはいかない。普遍が述語として登場する命題において成立する代示という働きと，名辞のみにおいて成立する意味 (significatio) の違いとその基本的枠組みを踏まえないで，オッカム哲学に参入することはあり得ないことである。この点については，拙著『普遍論争』（平凡社ライブラリー）の概略を述べてある。参照されたい。

　話を戻す。オッカムの普遍論において重要なのは，まず共意語の理論と，形相的区別の否定ということがある。オッカムの普遍論は，ドゥンス・スコトゥスの形相的区別に焦点があり，形相的区別が何であったかが分からない限り，オッカムの立場も正当に位置づけることは出来ないのである。また，ドゥンス・スコトゥスの哲学の位置づけも十分に進んでいるわけではなく，またドゥンス・スコトゥスの哲学も難解であるので，そのドゥンス・スコトゥス哲学の理解を前提とするオッカム哲学，そしてその理解が遅れているのは実は当然のこととも言える。

　形相的区別は，実在的区別 (distinctio realis) ――二つの事物への分離可能性を特徴とする――と，理性による区別 (distinctio rationis) ――事物としては同一であって，観点においてのみ区別されるものである――から区別される。理性による区別としては，実体とその本質，たとえば，人間と理性的動物という例が挙げられる。形相的区別とは，事物としては同一であるが，知性による

区別に先行して，事物の側にある区別というものである。実在的区別と理性による区別の中間にある区別が形相的区別である。オッカムは，この区別を頑として認めない。

ドゥンス・スコトゥスは，個体において，その共通本性と個体化原理との間に形相的区別を認めるが，オッカムは認めない。ドゥンス・スコトゥスが実在論とされ，オッカムがノミナリズムとされるのは，この点に係っている。

オッカムは，形相的区別が矛盾を含むこと，形相的区別が実在的区別に帰着することを頑なと言えるほど，反復して繰り返す。オッカムは，意図的に単調と見える論理でスコトゥスを論駁しているように見える。その背後に隠れている，オッカムのスコトゥスへの態度設定には哲学的な襞を私は知りたいと思ってきた。小林公氏のオッカムへのこだわり，そしてスコトゥスとの徹底的な対比は同じ関心に基づくように思う。もちろん，安直に分かったと思う心を激しく叱責するのが思想史の大原則である。

いじれにしても，この両者の対立の真実はきわめて分かりにくい。実在論は，ものに先行する普遍者（universale ante rem）を認める立場であり，中世においてはその普遍が神のイデアと同一視されたと整理されることが多い。スコトゥスの立場は，そういった普遍を認めるという素朴な実在論ではない。書評者である私もまた，ドゥンス・スコトゥスの普遍論の明確な説明を目指して，ドゥンス・スコトゥス研究に参入したが，その姿は杳として姿を表さない。

私自身のスコトゥス理解に触れる余裕はないが，ドゥンス・スコトゥスの立場は，トマス・アクィナスとオッカムの中間に位置づけるとした場合，その位置は，ずっとオッカムよりであると思う。スコトゥスとオッカムの立場は，オッカムがあれほど批判を加えているのだが，かなり近いものである。オッカムは，スコトゥス哲学の『命題集註解』（特にその決定版の一つである『オルディナチオ』）をきわめて丁寧に分析し，内在的に批判を加えている。その批判は，外部に立つ者の批判ではなく，内在的な批判であり，普遍論，個体論に関する批判も極めて丁寧なスコトゥスの議論の紹介を行った上での批判である。スコトゥスの思想の論旨をさらに進めるための批判と読むこともできると私には思われる。スコトゥスとオッカムの位置関係については，小林氏と私の立場は必ずしも一致はしていないようである。オッカムの普遍論については，渋谷克美氏もまた人生のかなりの部分を費やしいて解明に当たったが，理解しやすい図式を提示したとは言えないと思われる。小林氏の説明についても私としては不満は残る。

〈書評〉 1 小林公『ウィリアム・オッカム研究』〔山内志朗〕

この点について，小林氏の見解を整理し，そしてそれを分かりやすく伝えることは，一書を必要とするように思われる。小林氏の記述もまた，普遍論争という狭い枠組みの中で集結させようとはしていない点は大いに賛成であるが，普遍論，個体論としては課題が残ったように思われる。

　第八章「神の予知　必然性　自由」においては，神の予知と必然性／自由をめぐるトマス・アクィナス，ドゥンス・スコトゥス，オッカムの対比が整理され，その上で，オッカムの立場の解明が目指されている。小林氏は，大枠として，トマス・アクィナス：無時間的な永遠性，ドゥンス・スコトゥス：神の意志決定と予知の確定性，オッカム：不可知論というように整理している。
　ここでの問題は，神の予知と人間の自由とが両立可能かということであるが，中世に神学者達は基本的に両立可能性を主張する。その議論は，どの神学者においても難渋するものとなった。
　トマスにとっては，流れる時間としての人間的な時間と，神と共に永遠で，過去，現在，未来へと流れる連続性の見られない「永遠」の今としての時間が存在する。神は，時間の外部に存在し，神の持つ「今」は，時間の内部のあらゆる瞬間に対して同時的に現在する様態として，円の中心と円周上の点として捉えられるように，「留まる今（nunc stans）」としてある。しかしこのような見解は，スコトゥスからしれば，時間を流れることのない静止した状態として捉えており端的に誤っているとされる。
　神の予知と未来の偶然事の両立可能性を説くトマスの論拠の中核点は時間論にあった。スコトゥスは，時間の全体が或る同一の事典に同時に存在することは論理的に不可能であると考え，トマスの道筋に反論を立てる。
　スコトゥスは，論理的な（potentia logica）ないし論理的可能性（possibilitas logica）という新しい概念を立てる。同一の瞬間において，意志は，或ること（S）とその反対（Sでないこと）を同時に意欲することができると考える。こうした矛盾する両状態を崩壊できる瞬間として，スコトゥスは，時間的瞬間とは区別された，自然的瞬間という概念を立てる。
　これは現在，共時的偶然性（synchronic contingency）と呼ばれているが，様相概念の拡張によって，スコトゥスは新しい偶然論を展開することとなる。
　このスコトゥスの新しい様相理論については，すでに数多くの研究が著されている。この章の中心は，オッカムであり，その思想は，トマスやスコトゥス

と対比的に描かれる。その中心点は、トマスとスコトゥスにとって、神は無時間的な存在者であったが、オッカムは時間的な述語を神に帰属させることが可能であると考える。「オッカムの立場に立てば神の意志は未来の偶然事の原因ではなく、神は或る偶然事の生起を予知するが故に当の偶然事を意志すると言うべきだろう」(p.925) と著者は整理する。しかしながら、未来の偶然事について、神の知性の方が先行するというところに落ち着くのではない。結論として、著者は「神がどのようにして未来の偶然事について確定的な知識を有しうるのか現世の人間にとって不可知である、というのがオッカムの結論であった」と整理し、オッカムの立場は不可知論であったと整理されてこの章は終わる。

第九章「聖餐論」は、ラッタレルによって批判が向けられたオッカムの聖餐論の概要を説明した章である。ラッタレルは1324年、教皇ヨハネス二十二世によってアヴィニョンに召還され、その後四年間異端審問に服することになる。その原因ともなったのが、オックスフォード大学総長ジョン・ラッタレルによる告発であった。オッカムの『命題集註解』から五十六個の命題を取りだし反論を書き上げた。

聖餐については、十一世紀におけるベレンガリウスとランフランクスの論争以来、様々に論じられてきたが、パンとぶどう酒がキリストの肉と血に実体変化する場合、パンの実体はどうなるのかが問題としてあった。パンの実体が消失してキリストの肉と血に実体変化するというのは、考えられるような気もするが、それが中世では大問題を含むと考えられた。天上のキリストは何ら変化を受け入れるものではないが、もしパンの実体の消失によって、そこにキリストの肉という実体が生起することは、天上のキリストの肉という実体と別のものではないとすれば、変化が生じることになる。したがって、パンの付帯性がパンの実体に内属したまま、キリストの肉という実体が共存することになるという解釈もあった（共存説）。正統的には、消失を伴わないで、パンとぶどう酒の実体がそのままキリストの肉と血へと実体変化するとされた。それに対して、オッカムはパンの実体の消失を認めた。オッカムにとっては、パンの無化によって実体変化が生じるのである。

この精密な理論を辿ることは至難のことだが、実体と性質という二つのカテゴリーだけを、客観的に実在する存在者、つまり絶対的なもの（res absoluta）と見なすオッカムの存在論を踏まえているという指摘は重要である。聖餐をめ

〈書評〉 1　小林公『ウィリアム・オッカム研究』〔山内志朗〕

ぐる議論によってオッカムは異端嫌疑をかけられ，アヴィニョンに召還されることとなった。聖餐論というノミナリズムとは無縁の論点が展開されているように見えて，その根底にオッカム流のノミナリズムの議論が潜んでいることを小林氏は示している。簡単に要約できるような筋道ではないが，著者の説明は，粘り強く，誰も立ち入ろうとしない煩瑣な神学的議論の中に入り込み，錯雑たる概念の森を切り開いている。スコラ的神学議論の解明として，私としては本書で最も評価したい箇所となっている。

　第十章「神と自然法」は，この『ウィリアム・オッカム研究』を締めくくる最後の論文だけあって，オッカムが目指していたものを示す論文となっている。この章の中心概念は「絶対的能力」である。「神の絶対的能力（potentia absoluta Dei）を認めること，存在論的意味でのノミナリズムを採用することは互いに極めて緊密な関係にあり，両者は表裏一体となりノミナリズム的な思想の明確な特徴をかたちづくっている」（p.1018）という箇所には，無条件に賛意を表したい。神の絶対的能力という神学固有の概念が，根本的な哲学思想の改編をもたらしたことは，ウェーバー『プロテスタンティズムの倫理と資本主義の精神』において，非合理主義が合理的な経済システムとしての資本主義を生み出したというテーゼと比較できるように，神の絶対的能力という概念が近代合理主義を生み出したとも言えることと結びつく。近代合理主義の起源は，昏い昏い闇から発しているはずなのだ。

　小林氏は，絶対的能力の起源として，アウグスティヌス，トマス・アクィナス，ドゥンス・スコトゥスを辿り，オッカムに辿り着く。

　小林氏は，トマスとスコトゥスの絶対的能力論を詳細に説明している。オッカムはスコトゥスの理論の批判を通じて，自分の理論に到達したと整理している。中心的な問題は，神という第一原因が，被造物たる個体に個体に働きかけるときに，両者の間に介在する第二原因を通じて変化を被造物の内に引き起こすが，この第二原因なしに直接働きかけることも可能である。第二原因なしに直接働きかけ，出来事を成立させることは，神の絶対的能力によって可能であるとされている。この点は基本的にドゥンス・スコトゥスと同じである。この第二原因なしに働く絶対的能力のあり方は，「奇蹟」というあり方なのかが問題となってくる。このような絶対的能力の援用こそ，ノミナリズムの特徴とされ，神の自由の強調，主意主義，不可知論，偶然論などとして特徴付けられることになるのだが，ここにノミナリズムの帰趨があるということは小林氏の論

点でもあると思われるが，私としても強調しておきたい。

　この書には，詳しく分析し，その議論の筋道を賞翫すべき箇所が満ち溢れている。きわめて詳細でふんだんに付せられた註は，時として一つの学術論文とすべき研究と見識を含むところも多い。この書評の中では，触れることのできなかった様々な宝が至る所にちりばめられている。法思想の専門家だけでなく，中世神学，中世哲学に関心を持つ人にとって，思想史の最深部と至福を与えてくれる書になっている。この書の成立に祝福を述べずにはいられない。

◆ 2 ◆
政治的責務論から国家を論じる壮大な試み

宇 野 重 規

［瀧川裕英『国家の哲学』（東京大学出版会，2017年）］

Ⅰ　はじめに ── 現代的な問題設定
Ⅱ　関係的責務論 ── 検討の対象外？
Ⅲ　同意論 ── 維持可能か？
Ⅳ　利益論 ── 合理性と道徳性
Ⅴ　哲学的アナキズム ── 意外と説得的？
Ⅵ　正義の自然義務論
Ⅶ　終わりに ── 政治的責務は「派生」的なのか

I　はじめに —— 現代的な問題設定

　国家はなぜ存在し，その本質はどこにあるのか。古来幾多の考察が積み重ねられてきたテーマに，現代的な角度から光を当てたのが本書である。ここで「現代的」というのは，「個人は国家に対して義務を負うのか，負うとすればその根拠は何か」という問題の設定による。

　今日，グローバル化の声が喧しい。しばしば耳にするのは，「今日における多くの問題は，環境問題をはじめとして，国境を超えた広がりを持ち，かつ一国的に解決することもできない」という言葉である。この言葉はそれ自体としては正しいだろう。とはいえ，それでは国家がなくなるかといえば，そうは言い切れない。安全保障や法システムなど，グローバルな市場によっては提供されない多くの事柄において，国家はなお重要な役割を持っている。グローバル化は間違いなく国家のあり方を変えていくが，国家を死滅させる訳ではないのである。

　それだけに目につくのが国家の存在の恣意性である。人はなぜ特定の国家の法に従わないといけないのだろうか。今日，多くの個人は現実に国境を超えて移動しているし，国境を超えた社会的変動の影響を受けている。それなのになぜ，個人は特定の国家に対して義務を持つのか。このような，いわゆる「政治的責務論」の視角から本書は国家論にアプローチする。この点にこそ，本書のアクチュアリティが存在するだろう。

　思えば本書においてしばしば登場するジョン・ロールズやA. J. シモンズらの世代にとって，公民権運動やベトナム戦争，カウンター・カルチャー運動など，同時代のアメリカ社会の動揺が，その思索の背景にあったことは想像に難くない。仮にその国の法や政策が間違っているとしても，個人はなお遵法義務を持つのか。この問いは言うまでもなく，自らに対する不当な死刑判決に従う道徳的義務を考えたソクラテスにまで遡る問題である。ロールズやシモンズらの世代にとって，この問いはまさに同時代的な問いであった。

　このような政治的責務論は，グローバル化によって国家のあり方が変容を余儀なくされている現在，あらためて問われてしかるべきであろう。本書は，個人が国家に対して義務を負うことを正当化する論拠として，関係的責務論，同意論，利益論，自然義務論を分類し，ホッブズやロック，ルソーやカントら古

典的な思想家から現代の理論家までの議論を体系的に整理する。多様な思想家や理論家の議論が巧みに整理され，体系的に論じられる手際は鮮やかであり，新たなる思考を刺激してやまない。

このような整理を行った上で著者は，最終的にはカントを継承発展する法的状態実現義務論を擁護する。その主張によれば，法的状態を実現することこそが基本的義務であり，特定の国家に対する政治的責務はそこから派生するものとして位置づけられる。

おそらく，このような結論に賛成しない読者も存在するであろう。とはいえ，本書がこの問題に対してきわめて包括的・体型的にアプローチしていることを否定する人はいないはずである。また，それぞれの理論を分析する際に，その理論が前提とする道徳原理を明確に定式化し，その論理構造を問い直す手法について，個別的には異論がありうるとしても，全体として本書の議論がきわめて誠実であり，高度の一貫性を保持したものであることは疑いえない。その意味において，本書のメリットは明らかであるが，以下，著者の政治的責務論の類型に従って，その議論を検討してみたい。

II 関係的責務論 ── 検討の対象外？

本書において，まず興味深いのは関係的責務論である。政治的責務を正当化するにあたって，自律した個人の同意に基礎づけるのがもっとも直接的であることはいうまでもない。「同意なくして責務なし」，この理屈は近代の個人主義的な法・政治の理解においてもっとも説得的であり，近代社会契約論を始め，同意論こそが政治的責務論のアルファにしてオメガとする立場もありうるだろう。

にもかかわらず，歴史的事実として見たとき，一度として社会契約が現実に結ばれたかを疑うデイヴィッド・ヒューム以来，同意論には連綿として批判がなされてきた。もし同意に基礎づけることなく，むしろ社会集団への帰属や個人的諸関係によって政治的責務を正当化できるなら，このような批判に対する強力な反論となることは間違いない。現代において，コミュニタリアニズムを始め，個人の同意より，むしろ集団への帰属や個人と個人の関係性にこそ着目する立場も目立つ。それだけに，はたして関係が政治的責務を正当化するかを問い直すことは重要な理論的意義があるだろう。

しかしながら，いかなる関係が責務の根拠となりうるのか。本書はまず理念的関係から道徳的責務を正当化する立場を否定し，あくまで現実の実質的関係から道徳的責務を正当化しようとする。その際に実質的関係とは，一定の自発性を含む相互行為によるものであり，かつその相互行為は一回限りではなく継続的でなくてはならない。あくまで相互行為であることが重要で，かつ個人間の関係である。このような限定された実質的関係は，自由・平等と並ぶ人間の基本的契機というわけである（「自由・平等・友愛」）。

　本書が関係的責務論として指摘するのは，まずアイデンティティ論である。この立場にすれば，個人は共同体の一員となることでアイデンティティを構成するが，そのようなアイデンティティが政治的責務を生じさせるというわけである。この立場の問題点を著者は複数指摘するが，もっとも重要なのは，自らをある国家と同一化する個人は国家に対する義務感を持つかもしれないが，義務感は義務と異なるという点であろう。アイデンティティ論は，ある個人がいかに義務感を持つかは説明できるとしても，義務を正当化することはない。義務感は義務を正当化しないのである。

　この論は，本書の姿勢をよく示すものである。本書が課題とするのは，政治的責務の感覚がいかに生じるかをめぐる説明問題ではない。あくまで，政治的責務がはたして認められるかという正当化問題こそが本書の対象である。その限りにおいて，著者の批判はきわめて正しいと言わざるをえない。

　次に本書が取り上げるのはアナロジー論である。国家と国民の関係を親子関係のアナロジーで捉えたり，国民相互の関係を友人関係のアナロジーで捉えたりすることは，政治思想の歴史を振り返れば，実に数多くの実例が見られる。が，これに対する批判も数多い。本書で重要なのは，友人論の一つとされる共和主義をめぐる考察であろう。この場合，友人とは公共的な事柄についてともに議論する相手であり，同一の空間において問題を共有し，合意を形成するために議論する同僚である。その意味で，本書において共和主義とは，政治参加の契機を強調することで，政治的責務を正当化する立場を指す。

　共和主義に対する著者の主たる批判は，共和主義において論じられる政治的責務はもっぱら政治参加の義務であり，政治的責務の中心である遵法義務については正当化していないというものである。この批判は共和主義に対する正面切っての批判というよりは，共和主義は遵法義務を中心とする政治的責務を正当化しえないという，いささか「そもそも議論の趣旨からして，検討の対象外」

という印象は残る。とはいえ、その限りにおいては妥当な結論と言えるだろう（本書においては、ドゥオーキンに対する読み応えのある議論も展開されるが、ここでは省略する）。

III　同意論 ―― 維持可能か？

次に検討するのは同意論である。すでに触れたように、近代社会契約論は、被治者の同意こそが政治的責務の根拠となると主張する。この議論は個人を国家から独立した存在として捉え、そのような自由で独立した個人の同意があってはじめて服従義務が生じるとする。逆にいえば、個人が同意しない限り、国家への服従は正当化されない。その意味で、同意論は個人の自由を保護し、かつ特定の国家への個人の政治的責務を説明する役割を果たしうる。

しかしながら、このような同意論に対して、歴史的に数多くの批判が投げかけられてきた。著者はそのような批判を、はたしてそのような契約は歴史的に存在したのか、過去の世代による同意はなぜ現在の世代を拘束するのか、一部の国民が明示的に同意を与えたとしても、すべての国民が同意したと言えるのか、自然状態が過酷であるがゆえに国家の設立に同意したとすれば、それは「強要された同意」であり無効ではないか、といった論点に整理して検証する。結局のところ、国家は任意団体ではなく、個人は同意なしに国家の構成員になる。どうしても構成員の責務が問題にならざるを得ないのである。

ある意味で、本書の同意論が興味深いのは、それでもなお同意論を延命しようとする様々な議論の紹介・検討であろう。その一つが暗黙の同意論である。この議論によれば、居住や投票などの行為は、明示的な同意ではないとしても、その行為が行われた社会的文脈によって同意と見なされる。しかしながら、現実に多くの国民にとって、自国を退去して他国に移動することは容易ではない。そもそも多大なる犠牲を払って自国を出たところで、現在の国際法秩序おいては、他国に入る権利は存在しない。その意味で、単に居住という行為をもって政治的責務を正当化することには問題が残る。

投票についても、仮に議論を各人に投票権が付与されている民主的な国家に限定したところで、政治的責務を正当化するほど強力であると言えるかについて、ヒューム以来の懐疑がある。反対投票については、政治社会の設立への同意と個別の法案への同意を区別する二階の同意論で乗り越えられるとしても、

なお棄権者の問題や投票権を持たないものの遵法義務の問題などが残る。

　同意論を延命させる議論としてはさらに，仮説の同意論がある。一般の国民は現実には同意していないとしても，合理的ならば同意するだろうという論拠によって，仮説の同意論は政治的責務を正当化する。実際，社会契約論の多くの論者が仮説の同意論に立つと解釈されてきたし，カントもまた社会契約を事実ではなく理念とした。しかしながら，同意論の説得力が根本的には「同意は拘束する」ことに由来している以上，どうしても「仮説の同意は拘束しない」という結論が導き出されてしまう。

　このように同意論によって政治的責務を正当化することには，限界がつきまとう。ただし，著者は仮説の同意は政治的責務を正当化することはできないとしても，ある国家が政治的正当性を持つかという問題に解答を与える便法としてはなお有用であるとする。批判理論としての同意論が抵抗権を正当化するのであり，このあたりの議論の複合的な解釈は本書の魅力の一つであろう。

Ⅳ　利益論 ── 合理性と道徳性

　それでは利益論はどうだろうか。ヒュームをはじめとして，国家から享受する利益に焦点を当てて政治的責務を正当化する議論が主張されてきた。本書はこの利益論をさらに，自己利益論（政治的責務を負うことが，個人の自己利益になる），感謝論（国家から利益を受けた人は，感謝の原則によって，政治的責務を負う），フェアプレイ論（国家から利益を受けた人は，フェアプレイの原則によって，政治的責務を負う），悪影響論（政治的責務を負わないと国家に悪影響を及ぼす），救助主義（国家は他者に利益をもたらすため，人は政治的責務を負う）に分類する。

　自己利益論は同意論と並んで政治的責務を正当化する伝統的な議論である。同意論が前提とするのが，自己が負う責任を自ら決定する「自律的個人」であるとすれば，自己利益論が前提とするのは，自己の利益を最大化する「合理的個人」である。しかしながら，自己利益論が論証するのは，政治的責務を負うことは合理的であるということである。すなわち法に従う道徳的な根拠を与えるものではない。確かにそこには，自尊や自己保存といった義務が含まれないわけではないが，やはり合理性と道徳性は位相を異にすると言わざるをえない。さらに自己利益論にはパターナリズムの問題もつきまとう。

　これに対し，感謝は確かに道徳的義務であろう。しかしながら，もし利益提

〈書評〉 2 政治的責務論から国家を論じる壮大な試み〔宇野重規〕

供が義務ならば，それに対する感謝は生じない。仮に国民の保護が国家の義務であるならば，国家は感謝されるべきとは言い難い。仮に感謝すべきであるとしても，だからといってその命令に従うべきであるとは言えないのである。このように，感謝論もまた政治的責務を十分に正当化しえないと本書は結論づける。

　フェアプレイ論もまた感謝論と同じく，誰かの負担によって利益を受けたものは，負担を担ったものに対して相応の返報をしなければならないと考える。しかしながら，感謝論では政治的責務は国家に対する義務であるのに対し，フェアプレイ論は同じ国民に対する義務である。この議論に立つとき，国家とは共通利益のための国民の協力事業体ということになる。この立場に対しては，これまでも利益の押しつけ問題や，単なる利益の受領や同意とは区別される利益の受諾という条件をどのように明確化するかという問題が指摘されてきた。さらに本書が詳しく検討するのが，「公正なフリーライダー」問題である。フェアプレイ原則の敵は，公平な負担を負わず他者を平等に扱わないフリーライダーである。しかしながら，著者はフリーライダーの中には，他者を平等に扱うタイプも存在するという。例えば，安全保障の利益に対するただ乗りを許さないという意味で，徴兵制こそが公平な制度であるという井上達夫に対し，兵役負担を一部の人が担うとしても，その選抜手続きが公正であれば（例えば「兵役くじ」），他者を不平等に扱っているとは言えないという本書の議論は興味深いものだろう。

　悪影響論と救助主義については，本書は利益論の類型として示す一方，その場合の利益が，自己が享受する利益ではなく，国家が自己以外の人々に提供する利益であることから，自然義務論として検討している。

　自然義務論としての悪影響論として，本書は無危害義務からの政治的責務正当化論を取り上げる。人は他者に対して危害を与えない義務を負うが，国家を存続させないことは他者に対する義務であると論じるのが，この立場である。この場合，危害概念を拡大すれば自由が縮小するが，危害概念が縮小すると，国家を存続させないことが他者に対する危害となるという論理が妥当しなくなる。このように，危害概念が明確化されない限り，無危害原則に依拠して政治的責務を正当化することは困難だと著者は指摘する。

　救助主義は，善きサマリア人の寓話に由来する。ある人が危険な状態にあるとき，過度なコストを追わずにその人を助けることができるなら，その人を助

117

ける義務を人は負う。このような義務に依拠して政治的責務を正当化する議論が救助主義である。この救助主義について，本書はいくつかの批判を取り上げるが，救助義務が危険な状態にある人を救助しているすべての国家に対する義務を正当化してしまい，特定の国への政治的責務を正当化できないという点が最も重要であろう。

このように，本書は無危害義務論と救助主義による政治的責務論の正当化を，十分に成功していないと捉える。しかしながら，それぞれの議論は完全に的を外したものではないとして，義務のさらなる明確な位置づけを求める。結果として浮かび上がるのが，法的状態を実現する義務という主張である。

V 哲学的アナキズム ―― 意外と説得的？

ちなみに本書は，一般的な遵法義務は存在しないという哲学的アナキズムについても検討している。およそ個人の自律と国家の権威の緊張関係は解消不可能であるとするR. ウォルフはともかく，シモンズとラズの議論は本書の議論にとって，無視し難い意味を持っているだろう（加えて，同意論，暗黙の同意論，フェアプレイ論，自然義務論，感謝論などを一つひとつ批判していくシモンズの議論は，本書においてもしばしば参照されている）。

すでに触れたように，シモンズらの世代はベトナム戦争を経験した世代である。そのような彼らにとって，「およそ自国の法が自国のものであるというだけで，これを遵守する義務を負うことはない」という主張は，単なる哲学的思弁を超えた実践的意味を持つものだろう。もちろん，シモンズとて，殺人や窃盗を禁止する法に従う理由があることを否定するわけではない。ただし，その理由は，それが自国の法だからというものではないという彼の議論は，やはり重いものを持っている。ラズもまた，法に従うのは法が正義に適っているからであるとする。法が正義に適っているなら，法が法であるという理由で法に従う義務は余分であるという彼の主張も重要であろう。

ある意味で，本書の企ては，シモンズやラズに対する反批判であるとも言える。本書はこの後，法が存在すべき根拠を正面から論ずべく自然状態テーゼを検討し，さらに自然義務論へと議論を展開させる。その趣旨はよく理解できるが，哲学的アナキズムの議論はそれなりに説得的であり，これを利益論の文脈において論じていることはやや疑問が残る。本書が最終的に擁護する法的状態

実現義務と，そこから派生する特定の国家への政治的責務という議論は十分に説得的なものではあるが，政治的責務論を全面的に否定する可能性については，なお検討の余地が残っているようにも思われる。

Ⅵ　正義の自然義務論

　以上の検討を踏まえた上で，本書が最後に取り上げるのが正義の自然義務論である。『正義論』においてロールズは，それまでの彼の議論を修正し，フェアプレイ論による一般的政治責務の正当化を放棄する。代わりにロールズが採用したのが正義の自然的義務論である。ある国家に生まれ落ちた一般の国民は，自発的な同意による責務の引受行為をしていない。そこでロールズが選んだのが，個人の自発的行為を要件としない自然義務論である。ロールズによれば，正義の自然義務とは，自分に適用される正義の制度を支持し遵守する義務である。

　しかしながら，正義の自然義務論には個別性問題がつきまとう。自然義務論は，時間と空間を超越した義務を前提とするため，特定の国家に対する個別的な義務を正当化できるのか，疑問が残るためである。そこで本書は，正義の自然義務論を擁護すべく，カントの議論に遡る。著者はカントの議論を以下のようにまとめる。

　カントにおいて自然状態とは，ホッブズと同じく戦争状態であり，乗り越えられるべき状態である。ただし，ホッブズとは違い，自然状態が克服されるべきなのは，自己保存が脅かされ自己利益に反するからではなく，人の権利を侵害するという点で不正だからである。カントによれば，法とは各人の自由が共存しうるための条件の集合であり，法的状態においてのみ，各人は権利を保障されつつ共生することができる。したがって，自然状態で各人が持つ権利を確定的なものとするために，各人は法的状態に移行して国家の法に従わなければならない。各人が持つ権利を保障するという正義を実現するために，国家の法に従う義務が生じるのである。その前提にあるのは，自己と他者の自由への権利を尊重する義務であり，自由への権利を尊重する義務こそ，根源的な義務である。

　この上で，本書の議論はもっとも重要な国家論へと発展する。カントによれば，国家は法的状態の一種である。しかしながら，一国内で権利者が確定して

も，その国が他国と領土帰属問題を抱えているなら，権利は真に確定されたことにはならない。一つの国家で法的状態に達したとしても不十分であり，それは半自然状態に過ぎないからである。それでは国家を超えた法的状態とは何か。それは世界国家なのか。

しかしながら，『永遠平和のために』においてカントは，世界共和国という理念を却下し，国際連盟という代替案を提案している。世界共和国への移行が理論的には正しいとしても，現実の国家がそれを欲しない現状においては，世界共和国への移行はどうしても暴力を伴ってしまう。カントは世界共和国を究極の目的として維持しつつも，その目的を追求する手段として国際連盟を漸次的に拡張していくことを求めた。

著者はこのようにカントの議論をまとめた上で，世界共和国が専制あるいは，逆に無秩序に陥るという批判に対応する。念頭にあるのは，とくに井上達夫による世界政府批判である。井上は，世界政府には外部がないため「離脱」が不可能であること，世界政府は巨大であり民主的統制が困難であること，そして世界政府は強大な加盟国による弱小な加盟国に対する支配を強化してしまうことを理由に，世界政府は専制の極限的形態であると批判する。

これに対して本書の著者は，次のように反論する。自由を確保するために重要なのは，離脱可能性よりはむしろ，その政治体制の実効的な権力統御である。また，政府を統御する方法は民主的統制に限定されず，むしろ分割された権力の相互統制の方が実効的である。さらに強大国が弱小国を支配する現状の主権国家システムの支配を解体するためにも，世界共和国が要請される。このように論じた上で，著者は次のように議論を総括する。法的状態を実現するためには，そこから逸脱しようとする諸主体を強制力によって法的状態に係留することが不可欠であり，そのためは地球規模で強制力を行使可能な世界国家がどうしても必要である。他方で，世界国家が行使する強制力は様々な手法で統制することが必要であり，世界国家に権力分立機構を組み込むことが不可欠である。このように論じる本書が最終的に行き着くのが，地球規模で法的状態に移行することを明確にするための言葉である「地球共和国」である。

Ⅶ　終わりに──政治的責務は「派生」的なのか

著者によれば，地球共和国は目標であり，そこへ至る暫定的な状態として国

〈書評〉 2 政治的責務論から国家を論じる壮大な試み〔宇野重規〕

家は意義づけられる。本書ではこの後さらに，国家をより積極的に位置づけるための割当責任国家論が展開されるが，その点は措いて，以上の地球共和国論についてコメントして，この書評を終えたい。

　地球共和国という本書が示す目標は大切であろう。グローバル化の進む今日，仮に自国において法的状態が実現しているとしても，それが実現されていない地域から目を背けるわけにはいかないからである。地球のどこかにおける不正は，必ずや私たちの暮らしとかかわってくる。その意味で，究極的には地球全体において法的状態が実現されねばならないという本書の主張はその通りであると言わざるをえない。

　しかしながら，問題は地球共和国があくまで目標であり（カントの言葉を使えば統整的理念）であり，そこに至る過程において国家の役割がなお重要であるということである。結果として，本書の掲げた，「なぜ個人は特定の国家に対して義務を負うのか」という問いが重くのしかかる。本書の主張によれば，特定の国家への責務は法的状態実現義務から「派生」したものであり，国家は地球共和国に至る「暫定」の状態である。根元的なのは法的状態実現義務であり，地球共和国であるという本書の主張に共感しつつ，はたして「暫定」としての国家への「派生」的義務としてしか，国家への政治的責務は正当化されないという結論には，いまだに完全には納得できないというのが評者の正直な印象である。

　さらに国家権力を統制するにあたって民主的な統制よりはむしろ，権力分立による相互統制を重視する本書の立場についても，はたして民主的統制の役割をそこまで低く見ていいのか，権力分立による統制という以上，より本格的な現代的権力分立論を展開すべきなのではないか，などの疑問は残る。

　しかしながら，本書表の冒頭でも述べたように，本書がきわめて包括的・体型的な議論を展開し，その上で目の醒めるような明確な結論を出していることには疑いがない。本書をきっかけに政治哲学・法哲学の活発な論争が展開されることを期待してやまない。

◆ 3 ◆

生態的合理性の地平から
橋本努氏への応答

若 松 良 樹

[若松良樹『自由放任主義の乗り越え方』(勁草書房, 2016年) への応答的書評]

は じ め に
1　タイトル, そして拙著の狙いについて
2　一匹目のキマイラについて
3　二匹目のキマイラについて
4　生態的合理性の基準について

はじめに

　拙著が主たる批判対象としたリバタリアン・パターナリズムは，その柔和な顔の奥に，気むずかしい一面を隠し持っているように思われ，意外と扱いが難しい立場である。したがって，リバタリアン・パターナリズムの特徴を熟知し，批判的な検討を精力的に行われている稀有な存在である橋本努氏に，拙著に対する書評を執筆いただいたことは，私にとっては大変幸運なことである。期待に違わず，橋本氏には精緻な読みに支えられた内在的な批判を展開していただき，感謝している。

　ただし，リバタリアン・パターナリズムの多面性の故か，私の見ている顔と橋本氏の見ている顔との間でも若干の相違は存在するようである。この相違を明らかにする仕方で，以下では，拙著の狙いを説明するとともに，若干の応答を試みたい。

1　タイトル，そして拙著の狙いについて

　『自由放任主義の乗り越え方』というタイトルは，ぶっきらぼうで素っ気ないだけでなく，橋本氏も指摘するように，「やや誤解を招きやすい」（p.134）ものであったかもしれない。しかし，それは橋本氏の主張するように，自由放任主義は後景に退き，「リバタリアン・パターナリズムの乗り越え方」がメインのテーマであるからではない。

　むしろ，拙著の焦点は，自由放任主義の「乗り越え方」に当てられていると言ってよいだろう。自由放任主義が橋本氏の主張するように脆弱な立場であるかはともかく，そのキマイラ性を十分に理解せずに乗り越えようとするならば，自らもキマイラとなってしまうという危険を秘めている。実際に，リバタリアン・パターナリズムは，安直に自由放任主義を乗り越えようとしたため，キマイラとなってしまったというのが拙著の第一部の主張である。

　要するに，拙著は，リバタリアン・パターナリズムによる「自由放任主義の乗り越え方」に異議を申し立て，自由放任主義の新たな乗り越え方を模索したものであり，この意味において，「乗り越え方」が主題となっているのである。

2　一匹目のキマイラについて

　拙著で扱った一匹目のキマイラは経済学の概念を身にまとった自由放任主義である。このキマイラは，主知主義的な自己利益観と主意主義的な自己利益観の混交であり，一個の生物としては成立し得ないというのが拙著の診断である。

　これに対して，橋本氏はこのキマイラは「退治するには弱すぎる」(p.139)として，拙著のキマイラ退治の意義は限定的なものであるとする。橋本氏(p.136)によると，自由放任主義は脆弱であり，当の経済学者自身もキマイラの構成要素の一つである顕示選好理論を信奉していなかった，というのである。この橋本氏の見立てが正しいのか否かの判断は読者に委ねたいと思う。

　しかし，たとえこの見立てが正しかったとしても，依然として私は一匹目のキマイラの退治は必要であると考えている。というのも，われわれはどこかで道を間違えたのであり，リバタリアン・パターナリズムのように間違った道を邁進するのではなく，正しい道を歩もうとするならば，一度引き返すほかないからである。

3　二匹目のキマイラについて

　拙著が扱った二匹目のキマイラは，リバタリアン・パターナリズムである。この立場も，ホモ・エコノミクス仮説が前提としている自己利益最大化としての合理性の失敗を，顕示選好理論の前提とする内的整合性としての合理性の失敗という事実によって実証しようとするものであり，二つの合理性観念の混交であり，キマイラである，というのが拙著の診断である。

　これに対して，橋本氏は，選好の内的整合化と自己利益の最大化とが同時に実現されることがあり得ると主張する（p.138）。橋本氏の例を引こう。政府が車の燃費を車体に表示するように義務づけることによって，人々は「環境に配慮したいけれども大型車にも乗りたい」という矛盾した選好を鍛え直し，啓蒙された自己利益を最大化することになる，というのである。

　まず第一に指摘しておかなくてはならないのは，拙著が主張しているのは自己利益の最大化と内的整合性とが別個の観念であるということであり，両者が相互排他的なものであるというものではない。したがって，二つの合理性が同一の方向を向く事例の存在は，拙著の主張の反論とはならない。

　補足しておくならば，リバタリアン・パターナリズムは，内的整合性の失敗

という症状（ただし，拙著は内的整合性の失敗を病的とは考えていない）に対して，自己利益の最大化の失敗という原因を読み取り，最大化の失敗に対する対応策であるパターナリズムによって手当をしようとしている。この二つの観念が別個であるとするならば，この手当がいつでも有効であるとは限らないことを示すのには十分であろう。

　第二に，「内的整合性」という言葉が多義的であり，少なくとも3つの意味で用いられていることに留意すべきである。この言葉は第一に，ある行為の局面における動機と行為との間の整合性を意味しているかもしれない。たとえば，私が「あんパン下さい」と言いながら，書店において『法と哲学』誌を差し出したとするならば，この意味での内的整合性に欠けており，私の行動は非合理であると評価されるだろう。第二に，内的整合性は，顕示選好理論におけるのと同様に，ある人が以前に行った選択が相互に整合的であることを意味しているかもしれない。この意味での内的整合性が拙著の主題である。これに対して，第三に，橋本氏は，先に引用した例から明らかなように，ある人の動機相互の整合性をこの言葉で意味しているように見える。

　以上の区分が可能であるとするならば，橋本氏が導入している動機の内的整合性についての例が，選択の内的整合性についての拙著の主張への反例となるのかは判然としない。この点を例証するために，行動経済学の有名な実験の一つである治療法の選択について考えてみよう。ある病気の治療法を説明する際に，5年生存率についての情報のみを与えられた場合にはその治療法を選択したであろう人たちの多くが，この治療法の5年死亡率についての情報のみが与えられたならば，それを拒否することが知られている。

　この実験で示されているのは，選択相互の内的な不整合であり，動機の不整合ではないという点に留意する必要がある。どちらの選択においても，人々の動機は「生きたい」というものであり，この同一の動機から，2つの不整合な選択が生み出されているのである。要するに，動機の内的不整合と選択の内的不整合とは別個の問題であり，行動経済学，そして拙著が主題としているのは，後者なのである。

　もちろん，橋本氏のように，動機の内的整合性を達成することが「啓蒙された自己利益の最大化」(p.138)を促すと理解することも不可能ではない。とは言え，私にはそのような仕方で理解された自己利益の最大化のために行われるパターナリズムがあまり魅力的であるようには思えない。少なくとも私に関す

る限り，矛盾する動機群を常に抱えており，この点において，他の人も大差ないだろうと推測している。この推測が正しいのであれば，動機の内的整合性までをも求めることは，あまりに高い要求であり，ウルトラ・パターナリズムの危険をはらんでいるように思われる。

　われわれの多くが内的に不整合な動機を有しており，しかも，それらのどれかに特権的な位置を与えることができないとするならば，どのような選択が合理的であるのかは社会的選択理論における難問の一つであり，橋本氏が挙げている文献以外にもいくつか議論が存在する。そこでの議論を検討すべきであったという橋本氏の指摘（pp.138-9）は正当なものであり，この点は拙著の限界の一つであろう。ただし，そこでの議論の中心は，さまざまな動機の間での部分的な妥協のあり方の模索であり，一部の動機を切り捨てることによって整合的な動機を作り出すことではないという点も付言しておきたい。

4　生態的合理性の基準について

　自由放任主義の新たな乗り越え方を模索するため，拙著は経済学に心理学を接合しようとした地点にまで遡り，行動経済学流の接合とは別の道，すなわち，ハーバート・サイモンによる心理学の導入に注目したものである。なお，この分岐点についての説明としては，J. ディヴィスの *Individuals and Identity in Economics*（Cambridge University Press, 2011）に詳しい。

　サイモンの地点にまで立ち戻ることによって得られた拙著の主張をまとめておこう。従来の合理性の観念，すなわち，自己利益の最大化，内的整合性はそのために必要な計算能力や記憶の容量などからして，とても人間には達成できない代物である。したがって，人間がこれらの合理性の基準を満たせないことは，行動経済学の実験結果を見るまでもなく明らかであるし，パターナリズム的な政策によって対処しなくてはならないほどの問題ではない。

　したがって，従来の合理性の観念を前提としているリバタリアン・パターナリズムの行方には，欺瞞的なウルトラ・パターナリズムしか待ち受けていないように思われる。このパターナリズムが「ウルトラ」なものとならざるを得ないのは，人間の「非合理性」は至る所で見られるものであり，これに対処しようとするならば，パターナリズムは際限のないものとなるからである。また，このパターナリズムが「欺瞞的」であるのは，パターナリズム的な政策を実行する資格を有するとされる政府やその役人たちも普通の人間であり，この意味

での合理性を満たすことができないからである。

　このような拙著の見立てが正しいとするならば，振り出しに戻り，合理性の観念を転換し，行動経済学とは別の道を歩むことが必要であろう。拙著において新しい合理性の観念として提示したのが「生態的な合理性」であり，一定の環境の中で十分によい結果を実現できることがその意味である。

　もちろん，橋本氏が指摘するように，生態的な合理性は「具体的な指針を絞り込むには大まかな地平にすぎない」（p.141）。たとえば，その中核をなしている「満足化」という観念自体，サイモンによる提唱以降，すでに数十年の月日が経過しており，この観念に注目する人は少なくないにもかかわらず，その具体化の作業はそれほど進展していないのが現状である。したがって，生態的な合理性の観念の曖昧さを嫌い，より具体的な基準を求めたくなるのは，人情であろう。

　しかし，生態的な合理性の観点からは，より具体的な基準はより具体的な問題文脈の中にしか存在しない。そして，ある問題文脈の中での合理性は，別の問題文脈における合理性と同一であるという保証は存在しないのである。人間の脳は，問題文脈ごとに，その問題を解決するのに十分な程度の能力を追加する仕方で進化してきたのであり，この意味において，モジュール化されているからである。

　この観点からは，橋本氏のように，アーレントによる「活動的生」という一般的な概念を接ぎ木することで，あらゆる問題に対する解決策を見出そうとする態度の方に危惧を覚える（ノーフリーランチ定理）。

　とは言え，拙著は振り出しに戻り，その地点からの展望を示すことにとどまっており，そこで力尽き，具体的な問題の解決にまで議論が及んでいないという点に，限界が存在するとの橋本氏の評価は甘受せざるを得ない。

〈編　者〉

井 上 達 夫（いのうえ・たつお）
東京大学大学院法学政治学研究科教授

◆ 法と哲学 第4号 ◆

2018（平成30）年6月30日　第1版第1刷発行　9864-01011

責任編集　井　上　達　夫
発 行 者　今井　貴　稲葉文子
発 行 所　株式会社信山社

〒113-0033 東京都文京区本郷6-2-9-102
Tel 03-3818-1019　Fax 03-3818-0344
info@shinzansha.co.jp
出版契約 No.2018-9864-2-01010 Printed in Japan

Ⓒ編著者, 2018　印刷・製本／亜細亜印刷・渋谷文泉閣
ISBN978-4-7972-9864-2：012-080-017-N30 C3332
P144　分類323.903.a003 法哲学

JCOPY 〈(社)出版者著作権管理機構 委託出版物〉
本書の無断複写は著作権法上での例外を除き禁じられています。複写される場合は、そのつど事前に、(社)出版者著作権管理機構（電話 03-3513-6969, FAX 03-3513-6979, e-mail:info@jcopy.or.jp）の許諾を得てください。

◆ 法律学の未来を拓く研究雑誌 ◆

法と哲学　　井上達夫 責任編集

憲法研究　　辻村みよ子 責任編集
〔編集委員〕山元一／只野雅人／愛敬浩二／毛利透

行政法研究　　宇賀克也 責任編集

民法研究 第2集　　大村敦志 責任編集

民法研究　　広中俊雄 責任編集

消費者法研究　　河上正二 責任編集

環境法研究　　大塚直 責任編集

社会保障法研究　　岩村正彦・菊池馨実 責任編集

法と社会研究　　太田勝造・佐藤岩夫 責任編集

国際法研究　　岩沢雄司・中谷和弘 責任編集

ジェンダー法研究　　浅倉むつ子 責任編集

EU法研究　　中西優美子 責任編集

法と経営研究　　加賀山茂・金城亜紀 責任編集

医事法研究　　甲斐克則 責任編集　（近刊）

信山社

現代法哲学講義〔第2版〕 井上達夫 編著　2018.4 最新刊

〈執筆者〉井上達夫・高橋文彦・桜井徹・横濱竜也・郭舜・山田八千子・浅野有紀
鳥澤円・藤岡大助・石山文彦・池田弘乃・那須耕介・関良徳・奥田純一郎

法律学の森シリーズ
変化の激しい時代に向けた独創的体系書

- 戒能通厚　イギリス憲法
- 新　正幸　憲法訴訟論〔第2版〕
- 大村敦志　フランス民法
- 潮見佳男　新債権総論Ⅰ　民法改正対応
- 潮見佳男　新債権総論Ⅱ　民法改正対応
- 小野秀誠　債権総論
- 潮見佳男　契約各論Ⅰ
- 潮見佳男　契約各論Ⅱ（続刊）
- 潮見佳男　不法行為法Ⅰ〔第2版〕
- 潮見佳男　不法行為法Ⅱ〔第2版〕
- 藤原正則　不当利得法
- 青竹正一　新会社法〔第4版〕
- 泉田栄一　会社法論
- 芹田健太郎　国際人権法　2018.6 最新刊
- 小宮文人　イギリス労働法
- 高　翔龍　韓国法〔第3版〕
- 豊永晋輔　原子力損害賠償法

生命科学と法の近未来　米村滋人 編

科学の不定性と社会 ― 現代の科学リテラシー
本堂毅・平田光司・尾内隆之・中島貴子 編

信山社

法と哲学

井上達夫 責任編集

〔創刊第1号 目次〕

◆ I 特 集 ―〈法における哲学〉と〈哲学における法〉
1. 法と哲学―「面白き学知」の発展のために〔井上達夫〕
2. 憲法と哲学〔長谷部恭男〕
3. 民法と哲学〔河上正二〕
4. 刑法と哲学―刑罰の正当化根拠をめぐって〔松原芳博〕
5. 法と倫理学〔児玉 聡〕
6. 法と政治哲学―「三つの分離」を超えて〔宇野重規〕

◆ II 論 説
1. 兵士の道徳的平等性に関する一考察〔松元雅和〕
2. カントと許容法則の挑戦―どうでもよいこと・例外・暫定性〔網谷壮介〕
3. 死と国家―政治的責務論の存在論的転回〔瀧川裕英〕

◆ III 書 評
『立法学のフロンティア』(全3巻) ナカニシヤ出版、2014年
第1巻『立法学の哲学的再編』(井上達夫編)
第2巻『立法システムの再構築』(西原博史編)
第3巻『立法実践の変革』(井田良・松原芳博編)

1. 法理論における立法の意義〔森村 進〕
2. 熟議は立法府を救えるか?―『立法学のフロンティア』と政治哲学との間で〔早川 誠〕

〔第2号 目次〕

◆論 説
1. 順番が大事―世代間正義における現在世代の特別な地位について〔若松良樹・須賀晃一〕
2. 高価な嗜好・社会主義・共同体―G. A. コーエンの運の平等主義の再検討〔森 悠一郎〕
3. 法は一応の道徳的正当性を有するか―Ronald Dworkinの「一応の道徳的正当化テーゼ」と法概念規定の批判的検討〔平井光貴〕
4. 自然主義的道徳的実在論擁護のための2つの戦略〔蝶名林 亮〕

◆書 評
1. 平等への妄執 (obsession) を抉るロールズ論の好著2冊〔嶋津 格〕
   〔亀木洋『格差原理』(成文堂、2012年)/同『ロールズとデザート』(成文堂、2015年)への連結的書評〕
2. 批判者たちへの「逞しきリベラリスト」の応答〔井上達夫〕
   〔瀧川裕英・大屋雄裕・谷口功一編『逞しきリベラリストとその批判者たち―井上達夫の法哲学』(ナカニシヤ出版、2015年)への応答的書評〕

〔第3号 目次〕

◆論 説
1. 法の一般理論としての法概念論の在り方について―現代分析法理学への二方向からの批判を手がかりに〔田中成明〕
2. 法的擬制と根元的規約主義―根元的規約主義からの法的推論における擬制の検討〔山田八千子〕
3. 2つのパターナリズムと中立性〔米村幸太郎〕
4. 領有権の正当化理論―国家は何をもって領土支配を確立するのか〔福原正人〕

◆書 評
1. 生態的合理主義の地平〔橋本 努〕
   〔若松良樹『自由放任主義の乗り越え方』(勁草書房、2016年)〕
2. 嶋津格氏への応答、というよりも共闘〔亀本 洋〕
   〔嶋津格「平等への妄執 (obsession) を抉るロールズ論の好著2冊」(『法と哲学』2号 (2016年) 147頁以下) への返答〕

〒113-0033 東京都文京区本郷6-2-9-102 東大正門前
TEL:03(3818)1019 FAX:03(3811)3580 E-mail:order@shinzansha.co.jp

http://www.shinzansha.co.jp